高校体育科学化教学的创新与实践

田　伟◎著

吉林大学出版社

·长春·

图书在版编目（CIP）数据

高校体育科学化教学的创新与实践 / 田伟著 . -- 长
春 : 吉林大学出版社 , 2022.6

   ISBN 978-7-5768-0581-9

   Ⅰ . ①高… Ⅱ . ①田… Ⅲ . ①体育教学—教学研究—
高等学校 Ⅳ . ① G807.4

   中国版本图书馆 CIP 数据核字 (2022) 第 173286 号

书　　名　高校体育科学化教学的创新与实践
          GAOXIAO TIYU KEXUEHUA JIAOXUE DE CHUANGXIN YU SHIJIAN
作　　者　田　伟　著
策划编辑　殷丽爽
责任编辑　殷丽爽
责任校对　安　萌
装帧设计　李文文
出版发行　吉林大学出版社
社　　址　长春市人民大街 4059 号
邮政编码　130021
发行电话　0431-89580028/29/21
网　　址　http：// www. jlup. com. cn
电子邮箱　jldxcbs@ sina. com
印　　刷　天津和萱印刷有限公司
开　　本　787mm × 1092mm　1/16
印　　张　11
字　　数　200 千字
版　　次　2023 年 1 月　第 1 版
印　　次　2023 年 1 月　第 1 次
书　　号　ISBN 978-7-5768-0581-9
定　　价　72. 00 元

前　言

当前，我国体育事业正在迅猛发展并且取得了卓越成果。这与体育教学的顺利开展是有着密不可分的联系的。体育教学，是一种教育过程，其主要目标在于将体育的相关理论知识传授给学生，并且将体育相关的实践技能传授给学生，使学生的体质增强，并培养体育人才。高校体育教学是我国高校教育和体育教育的重要组成部分，在促进我国体育和教育事业发展、促进大学生健康全面发展方面发挥着极其重要的作用。近年来，随着高校体育教学改革的不断深入，高校体育教学理论的研究和探索日益活跃，体育教育学科越来越走向科学化。当前，面向新思想、新形势、新学生群体的高校体育教学，必须坚持不断地进行改革与创新，才能更加科学地实现体育教育的多元教育功能，才能促进大学生健康全面发展，才能提高大学生的综合素养，才能培养出适应现代社会发展的高素质人才。基于此，对高校体育科学化的教学改革创新以及实践进行相关研究，对我国高校体育教学、体育专业人才的培养乃至我国伟大体育事业的发展具有重大意义。

本书共分为五章。第一章内容为高校体育教学概述，主要从三个方面进行了介绍，分别为高校体育教学理论、高校体育教师基本素养、高校体育学生基本素养；第二章内容为高校体育科学化教学体系，主要从四个方面进行了介绍，分别为高校体育教学目标和原则、高校体育教学内容和思想、高校体育教学课程、高校体育教学评价；第三章内容为高校体育传统科学化教学模式，主要从三个方面进行了介绍，分别为高校体育分层教学模式、高校体育游戏教学模式、高校体育俱乐部教学模式；第四章内容为高校体育教学模式的科学化创新，主要从四个方面进行了介绍，分别为高校体育微课教学模式、高校体育翻转课堂教学模式、高校体育课程思政教学模式、高校体育线上线下混合式教学模式；第五章内容为高校体育教学的科学化创新探索，主要从三个方面进行了介绍，分别为高校体育教学的创新探索、高校体育教学现状与创新策略、高校体育教学的未来发展方向。

在撰写本书的过程中，作者得到了许多专家学者的帮助和指导，参考了大量的学术文献，在此表示真诚的感谢。本书内容系统全面，论述条理清晰、深入浅出，但由于作者水平有限，书中难免会有疏漏之处，希望广大同行及时指正。

作者
2021 年 12 月

目 录

第一章　高校体育教学概述

本章内容主要为高校体育教学概述，主要从三个方面进行了介绍，分别为高校体育教学理论、高校体育教师基本素养、高校体育学生基本素养。

第一节　高校体育教学理论

一、体育概述

（一）体育的发展与概念

体育是伴随人类文化活动的产生而出现的一种文化现象，是教育的萌芽和初始形态。在体育运动的基本方式出现之初，世界各国对"体育"一词的称谓和称谓的含义都各不相同。直到18世纪末，"德国体育之父"古茨穆茨在整合、改造、发展部分身体活动内容后，形成了一个包括三大门类九项内容的体育教学内容系统，这一系统被统称为"体操"（世界近代体育的统称），为与其他国家的体操体系加以区别，人们将这一体系称为"古茨穆茨体操体系"或"德国体操体系"。古茨穆茨体操体系的出现，为后来的瑞典、丹麦体操体系奠定了良好的基础，而且得以迅速传播，流行于欧美各国，几经发展和补充又相继出现了多种新的运动项目——现代体操体系。古茨穆茨体操体系首先在施涅芬塔尔博爱学校推行，当其在欧美学校体育中广泛开展起来以后，逐渐建立起了"体育是通过身体活动进行教育的手段或方式"这一基本理念，"体操"和"体育"两个词也在此后相当长的时期内并存和相互混用。20世纪初，随着体育项目的不断增多，身体运动方式的不断更新，"体育"一词才得以逐渐在世界范围内被统一使用。

18世纪中叶，我国的洋人学馆、教会学堂等西式学校中最早出现了"体操"这一称谓。1902年，清朝政府的《钦定学堂章程》采用了由日本传入的"体操"概念，当时在学校教育中广泛推广由日本引入的德国"兵式体操"。1907年，清朝政府学部的奏折中也开始出现"体操"一词。辛亥革命以后，"体操""兵式体操"等概念开始被广泛使用。1923 年，在北洋政府的《中小学体育课程纲要（草案）》中，"体操科"被正式改称为"体育课"。也有记载称，在我国湖北省幼稚园开办章程中，最早出现了"体育"一词，其时是 1904 年。《钦定学堂章程》中提到，幼稚园要负责对幼儿进行全面教育，务必保证"幼儿身体健壮"，使幼稚园成为发达的体育建设的基地；而在 1905 年的湖南蒙养院的"教课说略"中也有此记载，即体育的真正目的在于以体操运动使学生塑造优美健康的身体，以"歌舞"等艺术类教学内容来发展和提升学生的心理环境。

世界范围内，关于体育概念的讨论由来已久，而且至今仍然悬而未决。1953 年在美国举办的"第一届国际体育会议"，1963 年在奥地利召开的"第一届国际体育术语统一研究会"，以及此后举办的多次国际体育学术会议，均将体育的基本概念列为会议讨论的重要学术议题，说明统一和明确体育的基本概念的必要性和困难性。我国体育工作者从 20 世纪 80 年代开始掀起了体育的概念研究和讨论的热潮，对"真义体育"与"整体体育"的争论至今依然仁者见仁，智者见智，没有达成共识。然而，这也没有妨碍体育研究者的任何研究工作，因为大家均可综合分析各家之言，结合自己的研究侧重点，有针对性地提出自己的观念和见解。

1984 年上海辞书出版社出版的《体育词典》给出的体育概念："体育是人类根据自身生产与生活的需求，按照人体生长发育以及身体活动的基本规律，依据自然界的空气、水、光照等自然因素和生理卫生知识，将基本身体练习作为基本活动手段，为实现增强体质，丰富人们的文化娱乐生活等目的而进行的一种社会性活动，是组成我国社会主义文化教育活动的重要部分之一。"[①] 这一定义在论述体育功能（人们需要）时，虽然想更全面一些，但还是漏掉了许多内涵，如体育不仅反映了人类进行社会生产和日常生活的需求，还反映了不同社会形态的政治、经济、文化、军事等多方面的需求。因此，人们在从事体育活动时，不仅要遵循人作为自然属性生命体的基本生长与发育规律以及身体运动的基本规律，还要遵循作为社会生命体的人的教育以及体育教育发展的规律等。同时，容易引起歧义的、非常模糊的表述方式，不应该在概念中出现。

《中国大百科全书：体育卷》给出的体育概念：在我国，体育具有广义和狭义两层含义，广义的体育包括对身体的教育活动、运动竞赛活动和身体的基本锻

---

① 《体育词典》编辑委员会. 体育词典 [M]. 上海：上海辞书出版社，1984.

炼活动三个方面[①]。身体的教育活动与道德教育、智力培养、审美教育等多种教育相结合，成为教育的基本部分。它通过有目的、有组织、有计划的身体活动来促进参与者全面发展，增强体质，掌握锻炼的基本知识与技能，培养参与者高尚的道德与意志品质；运动竞赛活动是最大限度地发展和提高人类体质、体能和心理等方面的潜力，为获取优异的运动成绩而专门进行的训练和比赛活动；身体的基本锻炼活动则是以促进身心健康而进行的医疗监督，娱乐活动等的身体活动。早在 1916 年，柏林国际体育工作会议就明确确立了关于体育术语的四项规定，即符合体育运动本质、语言表达准确、能为一般人所理解、语言简洁。因此，上述概念既违背了定义的逻辑原则，又不符合体育术语的四项规定。

在《辞海》的"体育"词条中有如此陈述，狭义的体育是指以增进健康医疗康复、休闲娱乐为目的的身体教育活动。其与品德教育、智力教育、审美教育相结合，构成了整个教育。广义的体育是指体育运动，主要包括对身体的教育、竞技性运动、身体基本锻炼三个方面。广义体育和狭义体育都是以人类的基本身体活动为手段，目的是增进健康、增强体质、提高技术，都具有教育以及进行教学、训练、参与运动竞赛的作用。体育随着社会的发展而进步，受社会政治、经济、文化发展的影响和限制，同时为社会的政治、经济和文化等的发展与稳定服务。从上述体育概念的基本表述来看，无论是广义的体育还是狭义的体育，都在割裂和分化体育的功能与基本的价值取向，而且也不符合我国汉语语境下的语言习惯，我们不能说，今天我们开展了广义的体育，昨天我们从事了狭义的体育，这显然是很荒诞的文字游戏。

我国专家将与体育距离最邻近的属概念设定为"身体文化""身体教育""社会活动""身体活动""文化活动""一门科学"等。苏联著名的体育理论专家马特维耶夫主张，对体育概念的理解与把握应该从文化的角度入手，即体育是一种文化，是社会文化和个人文化中不可分离的一部分。体育文化与其他社会文化最基本的区别在于，体育文化是利用身体活动或运动促进、控制和掌握人的身体发展，使人的身体达到最佳，为生活实践和工作实践充分做好身体方面的准备。

综上，可将体育释义为：体育是一种以促进身心健康为目的，通过各种有针对性的身体练习优化人类身体生存或生活状态的最佳化个体身体教育与社会教育的活动，是社会文化的重要内容。

目前，没有发现对"体育内容"概念的界定，在论及体育内容时，人们常常

---

① 中国大百科全书总编辑委员会. 中国大百科全书：体育 [M]. 北京：中国大百科全书出版社，2004.

用"体育""运动项目"或"体育项目"来表述体育内容。习惯以"体育"一词来替代体育内容，其实"体育"一词表述的是体育的内涵和外延，而体育内容则更多地倾向对"体育"一词的外延展现。因此，体育内容是体育所包含的所有项目、材料以及与之相关的规程、方式与方法的总称。体育中的诸多项目内容经教材化加工以后进入学校体育，作为体育教学内容的后备军、主要来源及选择库中的素材。

（二）体育的社会功效

1. 体育社会功效的定义

体育是全人类共通的语言，是人民群众在生产、生活实践中创造的一种共有文化现象，它从生成到发展都对人类社会产生了积极的社会影响。党的十八大以来，以习近平同志为核心的党中央把维护人民群众的身体健康、生活幸福、社会进步、国家富强摆在更加突出的位置上，通过释放体育社会功效助力实现伟大复兴的体育强国梦。体育社会功效是指体育在整个社会系统的运行中达成的预期结果或成效。与体育社会功能相比，体育社会功效的核心价值体现在结果或效果上，而体育社会功能则强调能力和作用，虽然二者之间具有差异性，但都蕴含了体育的社会价值。

体育社会功效关乎国民身心健康、身心和谐、全面发展和人生幸福，关乎社会进步、凝聚社会团结，关乎体育强国梦的实现与体育命运共同体的构建，对其进行研究有助于国家、社会、国民对原有体育认知的重新思考，并把思想层面的体育认知自觉转化为身体践行层面的体育认同。中外学者混淆了体育社会功效、体育社会功能、体育社会作用，对体育社会功能、体育社会作用的研究较多，较少关注体育社会功效。对前二者的研究重在过程价值维度，无法达成效果目标价值维度。

2. 体育社会功效的内涵

（1）行为个人角度

行为个人，是指从事某一活动的特定主体。学生在体育锻炼中要享受乐趣、增强体质、健全人格、锤炼意志，努力成为德智体美劳全面发展的社会主义建设者和接班人。其中，享受乐趣、增强体质、健全人格、锤炼意志，具有价值理性和工具理性的现实意义。增强体质即为强筋骨，这是以身体为主体的身体哲学价值意蕴；健全人格、享受乐趣、锤炼意志即为增知识、调感情、强意志的心理哲学价值意蕴。享受乐趣、增强体质、健全人格、锤炼意志体现了野蛮与文明、体魄与精神、对立与统一的辩证关系，在人的全面发展层面凸显了体育社会功效的价值意蕴。就行为个人而言，人的全面发展是指人的各种需要、潜能素质获得最充分的发展，人的社会关系获得高度丰富以及人的自我意志、个性获得自由体现等。以行为个人为中心是人的全面发展主体的新时代阐发，人民美好生活是人的全面发展内涵的新时代追求。人的全面发展包含对体育的各种需求，行为个人通过对体育内生需求的获得感，实现体育外在显现的幸福感，这是人民美好生活的具象化的体育呈现方式，富有体育社会功效之内涵，完成"人人参与，人人健身，人人快乐，人人健康，人人幸福"的现实目标，最终实现人生幸福。

（2）社会责任角度

体育是社会发展和人类进步的重要标志，是综合国力和社会文明程度的重要体现。它既能维护社会稳定，又能促进社会变革，显现了价值理性与工具理性共筑的社会责任，能够促进社会进步。体育作为社会发展的重要因子，它的发展与社会发展一脉相承，承担着人类社会进步的社会责任。从强种救国时期体育救国的社会责任到兴体强国时期体育强国与健康中国的社会责任，都体现了体育的社会功效能够促进社会进步的价值内涵。

从结构功能主义视角来看，体育是一个整体的社会系统，它的整合社会功效能够促进社会进步。全民健身与全民健康融合发展作为体育强国建设与健康中国发展战略整体完备社会系统的一个子系统，具有社会适应功效、目标达成功效、整合功效以及潜在模式维系功效，如广泛开展全民健身运动配置的场地器材资源、形成完善全民健身公共服务体系、有效扩大增量资源、加强体医融合和非医疗健康干预等。体育扶贫作为脱贫攻坚战的重要组成部分，具有社会扶贫功效，也能够促进社会进步。一方面，体育扶贫能够化解体育供需矛盾；另一方面，体育扶贫能够推进全民健身与全民健康的深度融合。通过多渠道开发、多举措共推、多领域融合达成体育扶贫成效，形成体育扶贫社会系统，发挥体育扶贫的社会责任，实现社会进步之功效。

（3）国家战略角度

体育既是国家强盛应有之义，也是人民健康幸福生活的重要组成部分，这是体育强则中国强，国运兴则体育兴的现实反映，是通过释放体育社会功效达成人生幸福，促进体育强国建设，具有增进民生福祉的功效。体育外交作为国家战略规划，是国家交往与国民交流互动的重要手段，具有促进强国建设的社会功效，能够增进居民幸福指数。体育外交主要是指由政府、非政府组织、媒体、公众人物等多元行为主体参与，以各种方式与国外政府、公众进行体育交流，从而达到维护和扩大国家利益，提升国家形象，推进体育文化交往、交流、交融目的的一种外交方式，它既是对政府外交的政治支援，又是公共外交的有效途径。

（三）体育与德育、智育、美育以及劳育

1. 体育与德育

德育之意就是育德，即对人的思想品德进行教育和养成。其一，进行爱国主义教育。国家大力发展体育事业，鼓励体育健儿参加奥运会、亚运会、足球世界杯等各种国际体育比赛，其原因在于体育与国家的发展水平和政治制度有着密切的联系，是国家综合实力的反映。其二，进行集体主义教育。集体主义是一切从集体出发，把集体利益放在个人利益之上的思想，是社会主义和共产主义的基本精神之一。集体主义常常表现为团结合作，以集体的获胜为获胜的标志。体育运动是以运动项目为载体和形式的活动，运动项目按照人数参加的多少分为集体项目和个人项目。集体主义所要求的团结合作精神需要具体的、生动的形式作为载体，集体项目获胜后人们看到的常常是相互之间抱在一起欢呼雀跃，这种场面会启迪我们理解，获胜不是一个人可以做到的事情，离不开大家的共同努力，团结合作、尽职尽责才是获胜的法宝。这种思想意识参加集体比赛的运动员体会最深，观看集体项目比赛的观众也可以感同身受。其三，进行顽强拼搏精神教育。顽强拼搏是体育比赛获胜必不可少的精神品质，也是人们在其他任何一项工作和事业上取得成功的精神武器，因而成为思想品德教育的内容之一。出大力、流大汗的现象也可在劳动竞赛的场景中出现，但随着学生参加劳动竞赛的机会减少，因而常常可见的还是体育训练和比赛中汗水湿透衣背的经历和场景。

2. 体育与智育

所谓智育，一般理解为智力的培育。而对智力的解释以往认为是以语言能力和数理逻辑能力为核心、以整合方式存在着的一种智力。智力并非只有一种，而是由彼此相互独立、以多元方式存在着的几组智力构成。它们主要包括：言语—语言智力、音乐—节奏智力、逻辑—数理智力、视觉—空间智力、身体—动觉智力、自知—自省智力、交流—交往智力 7 种智力。每一种智力在人类认识世界和改造世界的过程中都发挥着巨大作用，具有同等的重要性。每一个人与生俱来都在某种程度上拥有这 7 种智力的潜能。能否使人的这些智力潜能得到开发和培育，环境和教育具有重要的影响作用。现代的体育教学研究表明，体育教学过程对学生的视觉—空间智力、身体—动觉智力、音乐—节奏智力、自知—自省智力和交流—交往智力具有良好的培育和开发作用。所谓身体—动觉智力，主要是指感知

和运用四肢和躯干的能力，表现为个体能否较好地控制自己的身体并使之对事件做出恰当的身体反应，以及是否善于利用身体语言表达自己的情感和思想。其主要由三个核心要素构成：一是有效地控制身体运动的能力；二是熟练地操作物体的能力；三是体脑协调一致的能力。而体育课程与其他课程的最大区别之一就在于，在体育活动过程中最大程度地活动了人的身体，每个体育项目都是对人的头部、躯干、四肢、外部感觉器官和内部器官系统组织细胞的刺激和锻炼；也离不开对距离、速度、角度、高度、重量、位置、平衡、时间、身体姿势、动作幅度、动作轨迹等空间特性的感知、反应、判断和处理；身体四肢的行为受制于人的中枢神经系统，任何一项运动技能的形成都依赖于大脑与动作之间条件反射的形成，遵从于条件反射形成中泛化、分化、自动化的规律。运动技能形成的规律表明，在学生掌握运动技能的过程中都要经历粗略掌握动作阶段、改进与提高动作阶段和动作的巩固与运用自如三个相互联系的阶段。其内在的过程也就是人的大脑与动作之间协调关系逐渐建立和协调一致的过程。在基础教育阶段越来越强调让学生至少熟练地掌握一项运动技能，这就为学生形成较好的视觉—空间智力、身体—动觉智力提供了良好的锻炼机会，并打下了良好的基础。运动科学研究表明，每一个人的运动素质的发展都是有敏感期的，一般是在人的青春发育期，视觉—空间智力和身体—动觉智力的发展敏感期也在这一时期。当错过了这个时期，运动素质和这些智力的发展效果就会大打折扣。由于很多的运动项目要求在音乐的伴奏下进行，如健美操、艺术体操、体育舞蹈、花样滑冰、花样游泳、太极拳、八段锦、广播体操、民间舞蹈等，节奏则是音乐的核心要素，也是所有运动项目的动作要素。所以，进行体育活动的过程对学生的音乐—节奏智力也是一个非常好的熏陶和培育过程。

3. 体育与美育

体育的美是人类有意识进行身体活动所展现出来的美的总称，它包括身体美、运动美、人文美和精神内涵美等。

（1）身体美的教育

身体美，指健康身体所展示的美。它是由良好的生理机体和健康的心理状态组成的，呈现出综合的健康之美，它包括健康美、体型美、姿态美、体质美、肌肉美、毛发美、皮肤美、形体美等。高校学生身体美的教育从两个方面进行。一方面欣赏身体美，如古希腊人喜欢身体美，代表性作品有以健美的人体为模特的人体塑像《掷铁饼者》和《米罗岛的维纳斯》等。而现代健美运动、健美操、艺术体操和水上芭蕾等体育项目就能通过体型、姿态、肌肉和皮肤等将身体美展现出来。另一方面从自身身体形态的改变来感受身体美。目前各高校开设的体育课程项目比较丰富，大学生可选性较多，可以自由选择自己喜欢的体育项目进行学习。通过一段时间的体育锻炼学生可以感觉到自身状态、姿态、肌肉和形体等方面发生改变，特别是健美操和啦啦操等体育项目，让大学生通过自身参加体育运动来感受身体美的教育。

（2）运动美的教育

运动美，是身体运动之美，身体在体育运动过程中所呈现出的美。它包括技术美、战术美、速度美、动作美、默契美、风度美、气质美、灵敏美、意志美等。高校学生参加体育运动学习以后，不仅可以自身感受体育的运动美，还可以学习如何欣赏竞技体育的运动美，如足球的控球之美、盘带过人之美、传球之美和射门之美等，以及网球运动的发球和高压球速度之美、正反手抽球动作之美、赛中赛后友情之美以及奔跑救球的意志之美等。同时高校学生在自己体育课学习过程中，体育教师注重动作美、技术美、意志美等相关知识的传授，激发大学生对体育运动的兴趣，提高学生对运动美的体会和理解。

（3）人文美的教育

体育的人文之美，指人在体育运动中或在欣赏体育文化时体会到的或领悟到的，体育活动中的人体或人体的体育活动以及在体育活动中所表现的文化符号所包含的内容无目的性及利害关系，既遵守自然秩序又遵守道德秩序，而且是道德秩序与自然秩序和谐统一的美，它包括礼仪美、制度美、对抗美、休闲美、游乐美、服饰美、器械美等。如网球是一项绅士运动，尤为重要的是礼仪美，它包括日常练习礼仪、运动员赛场礼仪和观众观赛礼仪。无论学生在学习网球技术过程中，还是观看网球赛事，都可以感受到它的礼仪之美，满足学生在精神上的享受，感受运动所带来的人文之美。

（4）体育精神内涵美的教育

体育精神是体育的整体面貌的反映，具有公正性、公平性、公开性及凝聚力、感染力和号召力等特点，蕴含着体育道德、体育知识、体育审美水平、体育理想和信念等内容，是体育运动的内在生命力。体育精神内涵的美能够对大学生产生鼓舞力、感染力和征服力，对大学生生活方式具有积极指导和影响作用。高校的体育运动不仅可以培养大学生坚忍不拔的意志和艰苦奋斗的精神，而且可以培养爱国主义精神，这也是体育精神内涵美之根本，最具有代表性的就是中国女排以及其所承载发扬的"女排精神"，从首夺世界冠军到"十冠王"，中国女排用实践一次次展示了"女排精神"的实质，中国女排不仅仅是荣获冠军，更重要的是在赛场上所发扬的为国争光、团结合作、顽强拼搏和永不言败的精神。它给予每位大学生心灵上的洗礼，激发爱国热情，激励着大学生克服困难、积极向上的人生态度。

4. 体育与劳育

所谓劳动，一般将其解释为人类创造物质财富或精神财富的活动，通常可以分为两大类，即体力劳动和脑力劳动。有时也专指体力劳动。新时代所提倡的劳动教育具有新的含义，必须突破劳动教育等同于体力劳动教育的认知误区。在体育与劳动教育的融合方面应该进一步探索的路径有以下几点。其一，将体育素质与劳动素质的培育有机融合在一起。我们知道，良好的体育素质是实现体力劳动和脑力劳动良好效果的基础条件，但是"偏智"和"弱体"的现象却长期存在。所以，必须坚决贯彻和落实德智体美劳五育并举、全面发展的党的教育方针。其二，强化学生的体育实践和创新能力。实践和创新能力的培育是新时代劳动教育的内容和要求，学生的体育实践和创新能力包括运动技能水平的提升和体育科学知识的传播与应用。运动技能水平的提升过程需要学生养成课后进行体育锻炼的习惯，需要学生参加课内外组织的运动训练和竞赛。为了强化学生的体育实践和创新能力，也可以让学生深入家庭和社区等领域，组织进行运动技能的教学、展示、竞赛和表演，也可以结合实际宣讲体育健身的科学知识。其三，培育学生的体育科学研究能力。培育体育科学研究能力的核心是创新精神，创新精神的培育是新时代劳动教育的重要内容。体育科学研究需要解释和研究的问题与现象很多，例如：运动与人的生长发育存在什么关系；如何能够通过运动最有效地控制体重；为什么中国创造了那么多的仿生体育项目，华佗创编"五禽戏"时为什么会选择虎、鹿、熊、猿、鸟作为仿生的对象；人的寿命长短与人的运动到底存在什么关系；乌龟喜静而长寿，却为什么说"生命在于运动"；人的运动能力与遗传有何关系；等等。很多问题涉及多学科的知识，恰好可以激发学生的探究意识，也可以使学生将其所学到的其他学科知识进行综合运用，从而使学生将学与用、知与行有机地结合起来，使学生的创新精神得以培育，实践能力等方面得以锻炼和提升，其实质也就是劳动教育水平的真正提升。

二、体育教学概述

（一）教育

教育是培养人的社会实践活动，是随人类社会的产生和发展而出现并发展起来的一种特有的社会现象。"教育"一词在我国最早见于《孟子·尽心章句上·第二十节》："君子有三乐，而王天下不与存焉。父母俱存，兄弟无故，一乐也；仰不愧于天，俯亦不怍于人，二乐也；得天下英才而教育之，三乐也。"[①]《说文解字》对教育的解释是，"教，上施下效也！""育，养子而使之为善也"[②]。

在西方，"教育"一词源于拉丁文"educare"，含义为引出或导出，意思是借助特定的手段把原本隐含的东西从人的躯体或思想之中激发出来，强调这是一种顺其自然的活动，其目的是将自然人所固有的或潜在的素质激发出来，以适应和符合现实需要的人的发展。19 世纪末 20 世纪初，清政府废除"科举制"的同时，颁布了《奏定学堂章程》，宣布实施新学制，通过开办、推广新式学堂，开办师范教育，培养学堂教师等举措开启了近代学校教育的基本范式，对我国教育进行了一系列改革，使西学逐渐成为我国学校教育的主要内容，"教育"随之成为一个常用词。

教育活动的背景、教育活动自身的复杂性以及教育形式的多样性，使人们在界定教育的概念时，需要面对很大的困难。目前，普遍认为教育的首要和直接功能是促进个体发展；通过个体发展实现其影响社会经济、政治与文化发展的价值。因此，具有共识性的结论认为，教育有广义与狭义两种含义。广义的教育泛指有目的、有意识地影响人类个体身心发展的所有活动。狭义的教育则是指教师在学校这一特定环境内，依据社会的目标与培养要求以及学生身心发展的基本规律，对学生身心实施有组织、有目的、有计划的影响，使其按照预期目标发生变化，实现发展的培养、训练、指导等活动。据此，本研究认为，教育是人类文明得以继承与发展的一种手段，是主体根据特定的社会（或阶级）政治、经济、文化等发展的需求，对客体身心实施有组织、有目的、有计划的影响，把他们培养成能够适应社会（或阶级）发展需要的人的活动。

学校教育的课程是进行教育的载体，课程内容是教育活动过程中的一个重要因素。它是由教育目标决定的，体现着人才培养的规格要求，反映着时代的政治、经济、文化等发展状况。教育内容包括人类社会各个领域活动的知识、技能、价值观念、行为规范等。它具有发展人的智慧、品德、体力、审美能力等诸多方面的价值和作用；从表现形式来说，教育内容有理论知识性教育内容和技术知识性教育内容。因此，本研究认为，课程内容是依据教育目标筛选出来的，是在教育活动中传授给学生的知识技能、思想观点、行为习惯等。2016 年 9 月，受教育部

① 孟子. 孟子 [M]. 北京：中国商业出版社，2020.

② 许慎. 说文解字 [M]. 天津：天津古籍出版社，1991.

基础教育二司委托，由北京师范大学牵头，华南师范大学、河南大学、山东师范大学、辽宁师范大学共同承担的"我国基础教育和高等教育阶段学生核心素养总体框架研究"项目研究成果公布。这是一套经过系统设计的育人目标框架，其落实需从对教育各环节的整体改革入手，通过课程设计、教育实践与评价等诸多方面进行。而课程内容的再设计与创新发展必将成为课程设计及教育实践与评价改革的着眼点。因此，对课程内容相关因素的研究将会成为新一轮改革的热点问题。课程内容的研究与选编必将准确反映我国的教育目标及我国各级各类学生所需要的核心素养的发展要求。

（二）教学

教育的客体（学生）获取知识、促进自身发展的方式、方法与路径非常多。如在学校的教育与教学课堂之中，通过学校或学生有组织的课余文化活动，多种多样的生产、生活实践活动，以及社会公益服务、志愿活动，等等。方式、方法与途径多种多样的教育活动相互影响与作用，一并促进和推动教育客体的成长、进步与发展，但教育客体接受知识的主要方式和渠道还是学校的课堂教学。一方面，从本质上讲，课堂教学就是教育客体的一种认知和认识活动，通过这些活动，避免了知识传授活动的随意性、零散性以及知识的碎片化，使得教育活动成为专业性很强的特殊活动，从而提高教学效率，避免教育客体自主选择、学习零散的知识和技术。同时，教育主体（教师）应积极引导和精心安排教学活动，这种积极引导和精心安排包含着教育主体自身对所传授知识的理解和创生以及最优的方法选择，避免了教育客体在学习过程中出现困难，或者在反复的实践尝试过程中出现错误，从而确保他们在学习过程中的每一个环节都能够顺利进行。另一方面，这种教学活动又不只是单一的知识传授，它还有极其重要的培育与教化的作用，从而确保教育的任务能够全面完成。在此过程中，既有知识的传授、认知的发展、智力的培育，又有思想的教化、品德的完善等多种价值的延展，这种促进学生全面发展的作用只有通过教学才能实现。

赫尔巴特基于教育与教学的这一密切关系以及认知心理学的基本理论，确立了形成道德观念、培养道德品质作为教学基本目的的认识，并在此基础上，指出了"教育性教学"的价值和意义。他认为任何教学都应该也必须内含教育性，教育也因此无法与教学脱离以独立存在。[1]他认为："和我们不得不承认，不存在任何'无教育的教学'一样，任何'无教学的教育'也是根本不会存在的。""没有

---

[1]　张焕庭. 西方资产阶级教育论著选 [M]. 北京：人民教育出版社，1985.

进行道德教育的教学，仅仅是一种没有目的的教育手段。相反，教学如果不进行道德教育（或者品格教育），这样的教学就失去了手段的目的性存在。"至今，"教育性教学"的基本思想，已经成为现代教育学的共识，并且在教育、教学不断进步、创新的过程中得到了进一步发展。[①]

因此，教学是教育过程中的一个阶段，也是教育活动中的一种手段，更是教育体系中不可或缺的一部分，其目的是充实、完善人的内涵，提升人的基本素养，促使人的全面发展。而学校则是不同国家在不同社会的政治、经济、文化制度与政策背景下，实现教育目标的重要一环。

（三）体育教学

体育教学古已有之，如中国古代学校教育，已经把一些近似现代体育的成分列入了课程之中：春秋战国时期，"六艺"（礼、乐、射、御、书、数）教育中的"乐""射""御"就含有体育教学的成分，其目的是通过这些内容的教学，将受教育者培养成为文武兼备的国家需要的栋梁之材。体育教学是随着人类社会的产生而出现、随着人类社会的发展逐渐完善起来的教育现象，同时也是一个由多种因素组成的复杂系统。

体育教学还是现代社会我国青少年儿童学习运动技术知识、获得正确运动态度、养成健康与积极的锻炼习惯的主要途径，对学生掌握体育与保健知识、提高运动技术水平，实现我国学校体育的目的和任务具有重要意义。体育教学注重过程的教育性，注重对学生外在身体形态与内在良好气质的培养，注重对学生健康体魄的塑造和良好心理素质的修炼，具有内外合一、身心合一的健身系统性和统一性。

因此，体育教学是依据和遵循一定的学校体育教学目标而进行的具有明确目的性、计划性和组织性的体育教育活动。教师作为主体，学生作为客体共同参与了体育教学过程，其主要目的和任务是向学生进行体育"三基"（体育基础知识，体育基础技术与体育基础技能）教育，以增强学生的体质，培养学生的道德与意志品质，为学生终身体育提供服务。

---

① 曹孚. 外国教育史 [M]. 北京：人民教育出版社，1979.

三、高校体育教学

（一）高校体育教学概述

体育运动是基于人体生长发育、身体机能优化和运动技能提升等规律，灵活运用身体条件与脑力条件，以实现身体素质、心理素质、运动能力和生活质量均有效提高的一种具有目的性、组织性以及明确意识的社会活动。高校体育教学是高等教育体系内根据一定课程标准和教学计划所开展的目的性和组织性明确的教育教学过程，是实现高校体育教育和达成体育目标的重要途径之一，该过程以学生为主导、教师协助指导共同完成，其主要目的在于传授大学生体育基础理论知识、运动技能以及体育运动精神，在促进大学生体质增强的同时，培养其认真刻苦、勇敢无畏、坚忍不拔的意志品质。教育功能是体育所具备的基础社会功能，它能够从身体性能和心理性能两个层面对人类成长发展造成影响，所以体育教育教学工作在现代大学生高等教育体系内的重要性不容忽视。近年来，随着我国社会经济发展水平的稳健增长和国际化发展进程的持续深入，体育事业发展规模成了衡量社会文明程度、国际竞争力的一大重要标准，同时在网络信息技术和智能科技等现代社会条件的支持下，大学生体育教学工作得以迅速发展，在教学内容、教学方法和教育模式等方面都展开了不同程度的创新探索及改革，以促进教学质量与效率的综合性提升。

（二）高校体育教学的特点

1. 统一性

体育运动对人的影响作用强调了身体机能和心理状态的和谐统一，所以大学生体育教学工作不仅要帮助学生掌握体育知识与技能，使其完成对自己的身体改造，而且需要营造开放、活跃的教学氛围和学习环境，让学生具备良好、健康的心理素质。一方面，在体育教材选择时应当注重其内容对身体素质和心理素质养成的积极影响，需要对社会学、心理学等方面知识有所涉及，以便学生既能够掌握身体运动技巧也能很好地控制自己的心理状态。另一方面，体育教学活动应当灵活运用活动本身的内涵及吸引力，再通过部分生动有趣的教学组织将其充分发挥出来，让学生能够在活动过程中放松自我、发挥特长和感受快乐，潜移默化地推动学生的身心健康发展，实现身体和心理的和谐统一。

2. 系统性

体育教学工作主要以学生为主体进行展开，其中设计的每一个教学环节和教学构思都是为提高学生身心素养、助力学生良好发展所服务，因此体育教学的工作成果不只体现于身体某一部分的肌肉发达或良好发育，而是在于身体器官和生理形态能够按照其既定的生长顺序，全面、协调、系统地发展。此外，体育教学工作并不仅仅是追求短期内的体质增强或健康发展，更是注重学生健康体育行为习惯的养成，以促进终身体质良好、传承民族基因和提高全民素质的长远发展。

3. 教育性

体育教学工作涉及的各项教学活动均包含一定的教学目标和教学任务，要想完成这些目标及任务，离不开对相关体育理论知识和动作技术的学习与熟练运用，同时包括对各种教学问题的深入探索和有效解决，这些也都是体育教学教育性的直观体现。与此同时，体育教学的教育性还体现在整个教学过程中教师与学生的知识传授和学习互动上，教师通过对学生体育认知水平和实际能力的充分了解，以夯实知识技能为基础，采取各式各样的教学方法，最终实现增强学生身体素质、提高健康水平以及培养专业体育知识、能力和行为习惯等教学目标。

四、高校体育教育的根本任务

"立德树人"是教育的根本任务，是高校的立身之本，是高校工作的中心环节。自党的十八大提出"立德树人"这一教育理念后，体育教学的重点将向身心同步发展转移，因此，高校体育教学不应仅停留在体育技能层面，更要将"立德树人"的教育理念贯穿教学之中。

（一）落实"立德树人"教育根本任务的影响因素

1. 校园体育文化建设方面

在校园体育文化建设中，主要涉及学生课外体育竞赛方面。目前组织的体育比赛主要有足球、篮球和排球等集体项目，乒乓球、羽毛球和网球等个人项目及运动会等综合性项目，这些项目均为传统性项目，缺乏吸引广大大学生积极参与的新兴体育运动项目。因此，高校需大力开展诸如攀岩、野外生存及定向运动等新兴体育项目，这不仅会丰富校园体育文化，而且会吸引广大学生的积极参与，为在高校体育教学中落实"立德树人"教育根本任务提供新的途径。

2. 体育教材方面

在体育教材方面，目前的教材内容着重于体育技能的传授以及身体素质的锻炼方式等，仍处于"重技能，轻德育"的状态。因此，有必要根据大学生的生理及心理等方面的特征，重新编写教材，并将"立德树人"教育的根本任务贯彻落实到体育教材之中。

3. 体育课堂教学设计方面

在体育课堂教学设计方面，教师的教学大纲和教案仍然是以传授运动技能和提高学生身体素质为主，并没有充分展现"立德树人"教育根本任务的相关内容。因此，有必要修订现有的教学大纲和教案，将"立德树人"作为高校体育课的重要指导思想，切实帮助学生在体育锻炼中"享受乐趣、增强体质、健全人格、锤炼意志"。

4. 体育教学评价体系方面

在体育教学评价体系方面，目前高校体育课仍以运动技能的水平、身体素质是否达标等终结性评价为主，缺乏多元的、综合的过程性评价体系。因此，对学生体育课成绩的考核不仅要包含终结性评价，还需将课堂上是否积极表现、是否与同学团结协作、是否奋力拼搏等过程性评价包含其中，只有如此，才能更好地贯彻落实"立德树人"教育根本任务。

（二）落实"立德树人"教育根本任务的对策与建议

1. 加强教师德育培训

体育教师是在高校体育教学中贯彻落实"立德树人"教育根本任务的具体执行者，因此学校要根据自身发展情况，加强对体育教师"立德树人"教育根本任务相关内容的培训，以提高教师的德育素养，鼓励体育教师走访优秀的兄弟院校，学习相关经验并为己所用。

2. 转变教师教学观念

体育教师要转变传统体育课以"传授学生技能、提高学生身体素质"为己任的教学观念，不断加强"立德树人"教育根本任务理论知识的学习，自觉主动地参加相关教育培训，并将相关知识运用到体育教学之中；此外，还要提高自身素养，树立良好的教师形象，以高尚的品德影响学生。

3. 强化内容建设

体育课堂是高校体育教学中落实"立德树人"教育根本任务的主要阵地，因此，要充分发挥体育课堂的德育功能。首先，要编写适应新时代发展的体育教材，将"立德树人"教育根本任务相关内容写入其中，让体育教师的教学有据可依。其次，要将"立德树人"相关内容写入教学大纲和教案，并认真设计好每一堂体育课，将"立德树人"教育根本任务科学合理地融入其中。最后，要改变传统的终结性教学评价方式，探索多元、动态的过程性评价体系。

五、高校体育教中学生综合素质的培养

（一）体能素质的培养

1.体能素质相关概念

（1）体能。研究人员对于体能这个词语有着不同的理解，体能与人体器官有着极为密切的联系，既可以说是一种衡量指标，同时也是人体器官系统中的能力体现，通常包括综合体能、基本体能，充分代表人类的身体素质。目前，国内外学者对体能所下的定义为人体器官和结构在训练、日常活动中所表现出来的能力，而学生的体能主要是指学生对于学习、生活以及体育运动过程中的身体能力。高校大学生进行体能训练的根本是促进学生的健康，而专业院校的体能训练更加强调竞技性与应用性。由此可见，不管是普通高校还是专业体校，增强学生的体能素质都是促进学生综合素质提升的有效途径。

（2）体能素质。体能素质主要是指机体最基本的运动能力，不同的运动项目对于体能的要求也大不相同，体能素质不仅仅是对人们体质的好坏进行衡量，更能充分反映出人们各项身体器官系统机能的工作状况，也就是身体素质。我国当代大学生正肩负着振兴中华民族和提高综合国力的艰巨任务，自身的体能素质与国家繁荣发展有着极大的联系。现阶段，我国社会经济正在迅猛发展，虽然人们的物质生活得到显著改善，但高校大学生的体能素质却呈现下降趋势，而体育训练作为素质教育中的核心部分，就需要坚持以学生为本的发展原则，重点培养高校学生的体能素质。高校大学生目前的身体素质正处于不断发展的关键时期，学生只有积极参加体育锻炼，才能提高自身的体能素质，进而养成终身体育意识。

2.高校大学生体能素质培养的影响因素

（1）学生方面

①学生生活习惯不良

高校大学生的生活自由且多彩，有着丰富的自我主导时间，但随着多种诱惑的出现，大学生自我约束和自制力明显下降。迈入大学阶段后的生活方式逐渐不良，养成暴饮暴食、喜爱高热量的垃圾食品等习惯，部分大学生起床后不吃早餐就去上课，以及盲目减肥、晚睡晚起等行为都已经成为高校大学生的生活特点，这些错误生活方式的出现导致大学生自身的体能素质无法得到提升。不仅如此，大学生欠缺体育训练的意识与习惯，对玩游戏的热情远远高于体育锻炼的热情。

②学生对体能训练认知不足

一个人对事物认知程度的高低取决于个人主观能动性是否能够得到良好的发

展，在认知的驱使下，人们更加愿意接受来自自身的影响，并且在整个过程中是积极、乐观的。但当今时代的高校大学生受到以往单一训练模式的影响，从心理上认为体育训练是一项充满痛苦和艰辛的项目。高校中体能训练形式多种多样的同时运动强度相对较大，在完成体能训练后会产生强烈的疲劳感，这样的认知会对学生的心理状态造成影响，进而影响到体能训练的效果。

（2）高校方面

①不够重视体育训练

在传统教育思想的背景下，我国高校普遍重视智力教育，忽视学生的体育教育，以至于相关的体育训练工作严重缺乏规范性，导致体育训练无法在高校中顺利开展。与此同时，高校中的体育课程大部分是以技能和跑跳为主，以培养学生体能素质为核心的课程少之又少。虽然多数大学生都在参与体育训练，但是却不知如何进行正确的训练，基本都是模仿同学或观看教学视频获得训练方法，学生无法在标准的体育锻炼引导下感受到训练的方法与乐趣，甚至会因为训练方法不正确而造成运动事故，进而使大学生对体育训练产生抵触心理。

②没有及时更新体育设施

高校大学生缺乏体育锻炼是影响自身体能素质下降的关键因素，所以高校中不科学的体育管理以及体育设施的陈旧和不足都会对学生参与体育训练形成制约。随着我国社会的持续发展，在校大学生数量正在逐渐增多，但高校中用于学生体育活动的设施并没有随之增加，无法满足学生对体育锻炼的需求。与此同时，高校中体育设施的缺乏和损坏都会打击学生参与体育训练的热情，甚至会让学生在训练过程中出现运动损伤，最终不利于高校大学生自身体能素质的提高。

（3）教学方面

现阶段，我国高校体育教育在课程设置上通常是采用学生自主选课的模式，学生按照自己的喜好和兴趣选择喜欢的体育课程。虽然这种教学模式在一定程度上使高校大学生对体育项目的参与程度有所提升，但是当学生在选择体育训练项目的过程中，往往都想要选择那些较为轻松，考核难度比较小、体能测试难度简单的科目，如篮球、武术等训练项目。事实上，真正能够提高学生体能素质的田径类体育项目，之所以学生选择的相对较少，除难度较大外，还因为体育教师的训练模式过于单一，无法从根本上增强学生的综合素质，提升体能素养。

（二）团队精神的培养

1. 团队精神在体育教学中的体现

团队精神是学生在参与体育活动的过程中形成的重要精神，学生形成良好的团队精神可以为其更深入地参与体育活动并获得更加良好的活动参与体验提供精神支撑和便利条件。团队精神在体育教学中主要有以下两种表现形式。

（1）团结互助的行为方式

团结互助的行为方式是团队精神在体育教学中具象化的表现形式，也是教师认定、衡量和评价一个班级乃至每一名学生团队精神表现状况的重要参考依据。

（2）个人利益与团队利益的取舍

团队精神在高校体育教学中的另一个重要表现便是个人利益与团队利益发生冲突时的合理选择。相较于整个班级而言，每一名学生都是一个独立的个体，而班级是一个整体。用马克思的历史唯物主义和辩证唯物主义的思维来看，部分是要服务并服从于整体的。所以，在体育课程的教学中，扮演部分角色的学生要服务并服从于班级这一整体。特别是当个人利益与班级利益发生冲突时，部分学生能够清晰地认识到个人利益与班级利益这两种利益的权重，并在经过理性的思考后做出明智的选择，这就能充分地反映出团队精神对学生思维方式、认知方式乃至行为决策所产生的指导性作用。

2. 学生团队精神的培养方法

（1）建设团队精神文化

团队精神文化的建设是增强学生团队精神的重要一步，这是因为校园是一个稳定的环境，学生是稳定存在于环境中的个体，所以学生日常的学习行为、休闲娱乐行为都会在一定程度上受到校园文化的熏陶与感染，也正是基于此种认识，当下学校教学工作才会将校园文化建设和班级文化建设摆在突出位置。在培养学生团队精神的过程中，教师要针对教学目标设置与之对应的团队精神文化和理念，通过文化环境的影响转变学生的思维方式。

针对团队精神文化的建设工作，教师可以对团队精神这一概念作出更加详细的阐释与说明，并充分将其贯彻到学生群体中。一方面，团队精神文化可以具体解释为"互助、共进、奉献、大局观"这四个关键词，在每一节体育课开课前，教师带领学生将这四个关键词一起回顾一遍，也可以在学生跑操的过程中将其作为运动口号。将团队精神的相关理念以文化建设的形式融入学生的日常学习行为中，能真正地发挥对学生思维方式和价值观塑造的引导作用。另一方面，团队精神文化的建设形式也应当具有灵活性和多样性，上述案例只是塑造团队文化形式的一种而已，除此之外，教师可以带领全班学生参加相关的社会实践活动或团队意识比较浓郁的其他形式的活动，进一步烘托班级内的团队精神文化氛围，形成优良的软环境。

（2）将团队意识融入教学中

通过塑造团队精神文化的方式培养学生团队意识的这种措施，从根本上而言就是通过改变客观环境，然后借助环境对主体的影响作用实现学生团队意识的养成，这属于一种外力。而教师将团队意识融入具体的教学行为，并在日常教育教学活动中将其贯彻和落实下去则属于直接引导学生形成团队意识的做法。

（3）教师要带头示范

除学生之间通过某种形式培养自身的团队意识外，教师的示范带头作用同样也是非常重要的，教师的一言一行都会对学生思维认知的构建产生非常重要的影响。教师要想通过某种途径培养学生的团队精神，那么首先就要以身作则，充分发挥带头示范的作用，为学生树立好的榜样。教师和学生共同组成了班级这个大家庭，特别是在体育课上，教师和学生都属于同一个团队，只不过在团队中扮演的角色有所不同而已，所以教师也要具备相关的团队精神，维护整个团队的利益。例如，在课程教学内容的选择上，教师应充分地听取学生关于学习内容选择的意见，并遵循少数服从多数的原则安排教学内容，设计教学计划，这能体现出教师在个人的教学利益与全班学生的学习利益之间做出科学选择的团队意识，为学生树立积极向上的标杆和榜样，这有助于学生团队精神的进一步巩固。除此之外，教师在日常的教育教学中也要加强对班级内每一名学生的关爱与关怀，这有助于让每一名学生都充分感受到团队的热情。

（三）创新能力的培养

1. 重要性分析

（1）提升学生体育学习兴趣。在传统体育教学当中学生处在被动地位，在教师的指导下学习体育技能、技巧，或者开展体能训练，这导致学生对体育学习具有机械性，兴趣程度低。在体育教学当中融入创新能力培养要素，教师和学生需要围绕体育活动、教学内容、教学方法、体育器材、锻炼方式进行深度沟通，使得学生摆脱了木偶式教学，使其课堂地位得到提升，会明显激发学生体育学习兴趣。

（2）促进生生沟通，提升合作能力。创新并非是闭门造车，而是需要大家集思广益，针对体育课堂有关事物展开想象，最终给出优秀的创新方案。在这个过程当中大学生彼此间积极交流、辩论，然后通过实际行动来使创意落实，能够明显地改善大学生的合作意识，提升他们合作能力。这对于他们未来就业或者创业有着很高的价值。

（3）在创新过程里融合各类科目知识做到全面发展。高校体育教育培养的并非是四肢发达头脑简单的体育机器，而是有思想、有道德、有能力、有创新的全能型人才。通过创新活动使得大学生将掌握的其他知识融入进来，例如物理知识、文学知识等，确保大学生多方面发展。

2. 现状分析

（1）高校对在体育教学活动中培养学生创新能力不重视。大学阶段的体育教学和高中体育不同，学生不用面临考试压力，正因如此高校对体育教学重视程度低。一是在高校对体育教师的考核方面，缺乏学生创新能力培养的评价指标。因为绩效考核上的缺失，导致教师对此不重视。二是高校并没有对体育学习中学生创新能力培养所需环境等因素给予重视，甚至大部分高校的体育设施不全面、不完整，校园体育活动少，体育氛围差，学生缺乏比拼竞争意识。三是高校体育教研组关于体育课中学生创新能力培养的座谈会、交流会少，甚至根本没有。有的高校体育教研组在校方的监督下会就此形成讨论和分析，但是基本上形成的成果难以转化。

（2）体育教师缺乏创新培养能力。教师在体育教学里大部分都看重体育技能、技巧的掌握，并不关注学生创新意识的培养。因此，体育活动、教学内容、体育器材、锻炼方式的创新方面，基本上都是教师自己在努力，并没有将学生融入进来，这会导致教师所谓的创新并不能被学生接受，于是就造成了体育教学创新的尴尬局面。例如教师在足球学习当中，会融入"翻转课堂"等教学手段，而实际上收到的效果并不明显，课堂中原计划预留的用于实践的时间成了学生闲聊的时间，展开的实践活动缺乏监督管理，导致效率十分低下。

（3）创新能力培养的物质基础相对缺乏。这一结果除高校不重视体育教学外，还受到其他因素的影响。一是当地经济水平。经济发展落后地区的高校运动设施等比较经济发达地区有着不小的差距。例如我国东南部地区和西部地区，前者大部分高校都有自己的体育馆，然而西部地区大部分高校只有基本的篮球场、足球场以及跑道，并不具有丰富的专项体育训练设备等。这自然会导致体育教学中大学生创新能力培养缺乏基本保障。二是不合理的资源分配制度。在同一地区的不同高校会因为有关部门资源分配的不合理而导致拥有的体育教学设施存在明显差异。

（4）体育教学中学生创新能力培养的途径不清晰。主要是教师不知道在体育教学当中通过哪些环节来培养学生的创新意识以及具体的培养办法。有部分教师认为人文体育便是创新，具体表现为让学生在体育课上去不断尝试各类运动，让他们去掌握和运用各类健身器材或者体育器材，然而结果总会导致课堂纪律涣散，体育课成了自由活动课，不是三五成群打篮球，就是几个学生在一起闲聊，缺乏体育课该有的紧张气氛和竞争气氛。

（四）健康促进方面的培养

健康促进主要包含健康知识和行为方面的提升，在以往的体育教学中，健康教育并没有引起高度的重视。《"健康中国 2030"规划纲要》出台以后，关于全民健康素养的提升工作被提升到了一个新的高度。对于高校学生来说，如何提升学生的健康行为和促进学生对健康知识的学习十分重要。

首先，健康意识的形成需要教师的主动引导。对于学生健康意识的形成，体育教师要在体育课堂上运用一切可以抓住的机会、通过各种主动的、正确的方式引导学生。例如，在做准备活动的时候，教师要告诉学生们做准备活动的用意是什么以及和健康有什么关系；在力量素质训练过程中，要告诉学生训练动作准确到位的重要性，怎样才能够更好地避免运动损伤；在足球运动过程中，要告诉学生们在崴脚现象发生时应该怎样及时地处理，这样处理对于健康有什么好处；等等。

其次，对于学生的健康行为也需要教师的引导。健康行为的引导与健康意识的引导一样重要，也需要教师在体育教学过程中积极主动地引导。例如，在篮球教学比赛中，教师必须要引导学生不能够有故意的垫脚行为，对于在争抢篮板时动作过大的行为，教师必须要停下比赛及时阻止；在操场上不管是不是自己班级的学生，一旦发现追逐打闹，必须及时制止，防止意外伤害的发生。除此之外，体育教师还应该引导学生在课下、校外参加体育活动时要注意避免发生危险行为。

第二节　高校体育教师基本素养

一、师德素养

中国历史源远流长，中华民族有着深厚的文化积淀，借鉴中国教育历程中学生发展核心素养研究的民族性原则，对教师核心素养的研究也应根植于本民族的文化历史土壤中。通过梳理中国传统文化发现，道德在传统文化中拥有较高地位。"道德仁义，无礼不成""国之命在礼""人无礼则不生，事无礼则不成，国无礼则不宁"。这些流传下来的名言充分说明道德于人于国于社会之重要性。教师的职责是教书育人，需做到为人师表，所以教师的道德更为重要。"得天下英才而教育之，三乐也""学而不厌，诲人不倦""修身见于世""以仁存心，以礼存心"等都是关于教师道德的高度概括。无论是春秋战国时期的孔子、孟子、荀子，还是秦汉到隋唐时期具有代表性的教育思想家董仲舒、韩愈，以及宋代到明清时期的朱熹、王守仁，都将"德"放在教育的首位，提出教师要热爱学生，热爱教育，有奉献精神，还提倡民主、平等、公平等师生关系，并且认为要将学生培养成为有"德行"的人。可见，道德从中国古代起就是教育家关注的焦点。因此，当前我国将师德作为教师的首要素养，而且认为它应该是各项素养的基础。对于体育教师来讲，其教学以传授技能为主，工作环境与其他学科教师有所不同，大多数时间在操场或体育馆中进行，工作环境较开放，易受外界因素干扰，偶尔还要经历风雨寒暑等恶劣环境，因此更应将吃苦耐劳、爱岗敬业等品格作为师德素养的必备要素。

二、专业素养

教师将知识和技能传授于学生的前提是自身需具备一定的学科专业素养。每个学科的教师都应有属于自己学科的特定的学科素养，体育学科也不例外。在此可将其概括为体育学科专业素养，这也是最能体现术科教师特点的一项素养。

在对体育学科专业素养进行探讨前需先了解体育素养的概念。国外学者认为体育素养是个体在一生中保持适当水平的身体活动动机和信息、身体活动能力、理解力和知识。我国有学者认为体育素养应包括体育知识、体育技能、体育品德和体育个性等几方面。还有学者认为其体现在身体和精神方面：身体包括体质和运动能力等；精神包括体育品德、意识等。目前，对体育素养的研究大多针对学生展开。要求学生拥有一定的体育知识、技能、品德、精神等。对于体育教师来讲，只有自身具备这些体育素养，才能将其再传授给学生，所以体育教师的专业素养应包含体育素养。因此，体育教师应掌握充足且与时俱进的体育专业知识；需具备一定的身体素质和专业的运动能力，从而能给学生做标准动作示范且提供专业的动作指导；要具备及时纠错的能力，才能在学生出现错误动作时提出改正方法；在教学中传授体育精神，进行体育文化的传承与渗透也是术科教师需要具备的。整体来说，体育教师应具备专业的运动知识、指导运动训练的能力、将体育精神带入教学的意识和能力等学科专业素养。

三、教学素养

"师者，所以传道受业解惑也。"传授道理、教授学业、解释疑难问题，自古就是教师的首要任务。所以，除师德素养外，教师还应具备教育教学方面的素养。高等教育的任务是培养具有创新精神和实践能力的高级专业人才，发展科学技术文化，促进社会主义现代化建设。高等教育的任务明确了高校教师的主要职能是培养专业人才。不同学科教师由于其学科的不同，职能略有差别。根据体育学科的特点，可以把高校体育教师的职能概括为：培养体育专业人才、进行体育科研工作、服务社会。其中为社会培养体育专业人才是最重要的一项任务。教师驾驭学科内容的能力、教学设计能力、教学实践能力、教学反思能力等在前人研究中出现频率较高，都属于教育教学范畴。对于体育教师来讲，体育课程的设计、实施、监控、评价等与其他学科课程有所区别。

四、信息素养

（一）教师信息化素养

信息素养的概念首先由美国信息产业学会主席保罗·泽考斯基提出，他认为信息素养即"通过训练，掌握信息工具，获取相关信息，获得解决实际问题的能力"[1]。专家、学者补充后认为，教师信息化素养不仅包括熟练运用信息化技术获得加工、传递、利用信息的能力，而且还包括在信息化技术中培养学生独立自主学习的能力。在高校体育信息化教学中，体育教师不仅要教会学生利用信息化技

---

① 保罗·泽考斯基，李淑媛，刘千卉，等. 行动素养：信息时代民众迈向成功的关键 [J]. 图书情报知识，2015（5）：4-10.

术获取正确的健身知识和方法，还要利用信息化教学促进学生的身心健康发展，提高社会适应能力。

（二）提升高校体育教师信息化素养的必要性

1. 教师职业发展的需要

随着信息化的普及，教师职业发展离不开信息技术。信息技术可以帮助高校体育教师拓展教学空间，利用互联网技术平台挖掘教育资源，通过信息化技术指导学生进行体育锻炼，帮助学生学习健康知识，掌握正确的健身方法，培养学生的自主学习能力，促进学生的全面发展。体育教师把学科专业知识与信息技术相融合，有利于提高知识储备、更新教育理念，提高思维、判断和研究能力，提高科研水平。

2. 教师教学能力的需要

信息技术的发展为教学提供了更丰富的资源。合理地利用信息化资源有利于提升体育教师的教学能力。课前，教师通过信息技术搜集教学资料，进行教学设计，用图片、视频等影像资料提高学生的学习兴趣。课中，利用信息化技术丰富教学内容，如通过节奏感强的音乐或流行舞蹈进行热身，通过视频、动画对学生进行技术动作指导等，激发学生的运动积极性。课后，通过信息化平台与学生交流，进行线上指导、小结等活动，巩固学生的学习成果。

3. 学校体育工作的需要

信息化技术对于学校体育工作的开展也有帮助。在学校各项体育活动的宣传、筹备、组织、协调、存档等环节中，利用信息技术可以提高工作效率。在学生体质健康测试与评价中，可以利用信息技术和数据共享对学生的体质健康数据进行跟踪、记录，通过统计形成量化数据，既有利于节约人工统计成本，提高工作效率，也有利于指导学生进行科学锻炼。

4. 教师终身学习的需要

信息化教学为体育教师提供了丰富的学习资源，有利于教师更新知识。合理利用信息技术可以帮助体育教师创新教育模式，更新教育理念，提高综合教育能力。良好的信息化素养有利于体育教师积极进行教学改革和创新，主动进行教学探索和研究，增强教师在教育、科研、实践等方面的能力。

五、研究素养

在传统的观点中，教师担任着"传道、授业、解惑"的角色，这是教师的基本任务。随着时代的发展，教师被赋予了更多责任，同时担任了学习者和研究者的角色。"教师即研究者"以及"反思的实践者"等概念越来越多地被人们所提出，而且进行科研工作是高校教师的职能之一，体育教师也不例外。体育教师可以研究的领域有很多，如术科教学、某个体育项目、运动选材、体育文化、体育产业等，其中不仅包括体育学科的基础研究，还包括以重大现实问题为方向的应用研究。

素养是个体知识、能力、情感、态度、价值观等多方面要求的综合表现，所以体育教师的研究素养是指教师在体育科学研究方面的意识、知识、能力、价值观等的表现。其中，有关研究的知识、能力较容易理解，一般包括科学的研究方法、研究设计的能力、学术思维能力等。研究伦理是进行科学研究时必须要遵守的规范准则，具体来说是指尊重别人的研究成果，不抄袭、不剽窃、不弄虚作假，尊重研究对象，将研究过程告知研究对象等。

六、合作与交流素养

沟通交流是人最基本的生活技能，对教师而言更是至关重要，因为沟通交流体现在教师工作的方方面面。第一，教师的主要工作任务是教学，教学对象是学生。体育教师的教学不同于其他专业的教学，除在教室里给学生传授理论课外，更多的是在室外对学生进行技术动作的教学。教学过程中需对学生进行技术动作指导，甚至是一对一的动作纠正，因而术科教师与学生进行沟通交流的机会更多。第二，高校大学生所处的年龄段较为特殊。虽已成年但仍是学生，因此与他们沟通交流更应讲究方式方法。方式方法对了，才能与学生进行有效的沟通交流。第三，教师之间也有相互依存性。这是由教师所从事的教育劳动的集体性质所决定的。无论是传授科学知识，还是教授技能类课程，都不是个别教师的单独行为。此外，因个人能力的限制，现在的很多高校都是以科研团队的形式从事科研工作，所以个人在科研工作中与领导、同事之间的合作与交流也至关重要。另外，普通教师与领导因职责不同，在教育活动中所处位置不同，观察和处理问题角度也会不同，而恰当的沟通无疑能避免不必要矛盾的产生。综上，可以将与学生沟通交流的素养，与同事、领导合作交流的素养，统称为合作与交流素养。

七、自主发展与创新素养

21世纪不仅是信息大爆炸的时代，同时也是知识大爆炸的时代。面对知识的不断更新，教师若单靠在受教育阶段所学的知识和所掌握的能力，很难胜任工作。

只有通过不断学习，才能紧跟时代的步伐。终身学习已成为信息时代教育发展的重要特征。体育课程以技能教学为主，要求体育教师不仅要保持运动技能，还要了解前沿体育学科知识，所以需要不断地学习。另外，教师专业发展理论指出，教师的专业发展有主体自主性、阶段性、终生性三大特征。这就要求教师的学习应是自愿的、主动的行为。只有内因驱动，才会促进良性发展。所以自主发展也应是术科教师必备的素养之一。

在对专家的意见征询中，有专家建议将"自主发展素养"改为"自主发展与创新意识"，因为创新不仅是学生更应是新时代教师需具备的素养。在教师专业发展的同时强调创新，这是时代发展的要求。正如 2013 年 5 月 4 日习近平总书记同各界优秀青年代表座谈时所说，创新是民族进步的灵魂，是一个国家兴旺发达的不竭源泉。如今各个领域都强调创新，如科技创新、文化创新等。作为教师同样需要具有创新意识。体育教师的创新主要体现在教学和科研中，如观看奥运冠军比赛视频提高学生学习热情、拍摄动作视频自主评价、运用运动生物力学仪器分析自己的动作以及以赛代考等都是教学创新，而能将体育与其他专业相结合开展研究、选择新颖的研究视角开展等则更有益于科研创新。

第三节　高校体育学生基本素养

一、端正的态度

在体育课上，高校学生要对体育课程持有正确的态度，要充分认识到体育课程的重要性，要用心去学习体育运动、体会体育精神，在不断的体育学习和体育锻炼中让自己的身体越来越健康，为我国体育强国建设奉献自己的一份力量。

二、良好的身体素质

高校学生的身体素质男女各有差异，男生往往表现在力量、速度、耐力等方面的优势，而女生主要表现在灵敏度、柔韧性等方面的优势。同其他年龄段相比，高校学生的身体素质已经趋近于最高水平，其增长速度也已经减慢，并且随着年龄的增长逐渐下降，而身体素质的高低则取决于自身的身体健康机能。男生的锻炼普遍更多，更偏向于运动量大的活动，更容易有一个强健的体魄，而女生的重心比男生低，更能适应平衡力类锻炼，偏向于一些动作比较优美的活动。高校学生应积极进行身体机能锻炼，才能够使自己的身体素质较长时间维持在一个较高水平。

三、良好的心理状态

良好的心理状态对于体育课程的学习有着积极的作用。一个精神萎靡不振、心理压抑、脾气很差的人，其性格也会影响体育锻炼，会对体育运动带来不好的影响，因此在学习体育课程和进行体育锻炼时必须要有着积极健康的心态，踏踏实实地去解决体育学习中遇到的各种问题，综合素养才能不断进步。

四、良好的文化底蕴

在对体育运动进行深入接触学习时，高校学生应该充分了解该项体育运动产生的背景和年代，体会该项体育运动的精神内涵。同时，我国体育文化历史悠久，所以高校学生应该在体育学习中，不断地丰富体育文化知识，充实自己，发扬和传播我国体育文化。

五、基本的体育知识

我国高校学生经过小初高的体育学习，已经有了一定的体育知识，但是由于目前小初高的教育多重视文化课程的学习，对于体育知识的储备较为匮乏，因此学生在进入高校校园之后，要多多积累体育知识，不断学习体育知识，并且要掌握一定的体育知识。

第二章 高校体育科学化教学体系

本章内容为高校体育科学化教学体系，主要从四个方面进行了介绍，分别为高校体育教学目标和原则、高校体育教学内容和思想、高校体育教学课程、高校体育教学评价。

第一节 高校体育教学目标和原则

一、高校体育教学目标

（一）教学目标

1.运动参与目标

运动参与目标要求学生在学校体育中，积极主动地参与学校组织的一切正常体育教学、课余体育训练与竞赛，有的高校甚至对这些体育活动实行打考勤、加学分，更好地激励学生参与进来。学生接受学校组织的运动参与或者自发地进行体育参与，这些都是良好体育态度的表现，对学生体育锻炼行为习惯的促成具有很重要意义。

2.运动技能目标

运动技能目标的实现主要体现在体育教学上，体育课的目的不单单是锻炼身体，更多是传授学生1~2个运动项目，掌握好运动项目的基本技能，能够在今后的生活、学习中受益一生，体育是人类离不开的文化活动，运动技能的提高可以让人更有信心和兴趣继续长期坚持下去。

3.身体健康目标

作为学校体育目标的重要一点，身体健康目标至关重要，经常参加体育锻炼，可以改善身体机能，增强免疫力。生命在于运动，没有健康的体魄，成才也无从谈起。大学生要拥有健康的身体才能扛起国家民族的大旗。

4. 心理健康目标

体育锻炼要讲科学，避免不合理的运动参与给学生带来身体及心理的伤害，否则便失去了体育的本质意义。学校体育教学方法通常以游戏的形式激发学生主动学习的兴趣，游戏可以在体育练习中使人的心情得到陶冶。同时，高校校园体育文化建设、校运会体育竞赛也可以使学生心理健康得到提升。

5. 社会适应目标

社会适应是大学生必备的人格品质，体育无男女、无国界之分，透过体育活动，大学生可以结交更多良师益友，增进同学之间或陌生人之间的距离，高校社团组织的一些体育文化活动可以提高群体意识、协作能力，这对毕业后学生的社会适应有很大的帮助。体育同时也教会学生合作竞争，培养克服困难、战胜自己的能力。

（二）存在的问题

1. 目标模糊

我国高校体育目标并非一成不变，而是随着社会发展和学生的发展与时俱进、不断完善的，但这些目标中的某些要求较为模糊，在内容上未能明确地体现出对不同学段学生的不同要求和要达到的不同标准，各个学段的学习特点和学生的身心特点联系不够紧密，在比较各学段内容目标上并没有实质的区别。

2. 目标过大

从前，我国高校体育目标是使学生成为全面发展的人，至今发展到新课标中的目标，目标面越来越大，内容也在增加，包括技能、体能、心理社会适应等，这的确有一定积极意义，但是诸多方面的堆积，可能会存在其他虚饰的问题。

3. 目标与实践有偏差

从形式上看，现在的体育教学仍存在一些不适应新课程标准的地方，比如教师在体育课上依然会使用传统的教学观念和方法，练习动作较机械，考核成绩为第一位，有的客观因素也会让新课标的执行带有阻碍，如学校对体育教学重视程度不够、教学场地器材缺乏等，众多因素导致不能有效地完成目标。

二、高校体育教学原则

（一）因材施教原则

在体育教学中既要面向全体学生，又要根据每一名学生的实际情况有针对性地安排教学，使每名学生在体育学习中都能得到提高，促进身心全面发展。

（1）要充分了解和研究学生的个体差异。教师要通过各种方法对学生的身体素质、体育技能、性格特点、兴趣特长等方面进行了解，并认真记录。可先通过向学生的班主任询问、班级的调查问卷、师生交流等方式进行。然后对学生进行全面的分析，从而依此制定出在体育教学中区别对待的策略。

（2）教师正确对待并引导学生正确看待个体差异。每位学生在各方面存在差异是很正常的一件事情，如何让学生在存在差异中得到共同提高，要求我们首先要对个体差异有正确认识。课堂上用平等的眼光对待学生，不偏不倚。同时要告诉学生：同学之间应相互尊重，认真看待个体差异；身体素质差的同学不要沮丧，其他同学更不应该取笑；有优势的同学也不应该骄傲；同学们应该用发展的眼光互相看待，互相学习共同进步。

（3）通过多种教学组织形式实现因材施教。在体育课上，教师可采用分组的形式实现因材施教，如按照同等身高、同等技能水平、同等体重、同等身体素质等特点进行分组。对于身体素质和技能水平较高的学生，教师要提出更高的要求，而对于相对差点的学生教师要多给些关心和鼓励，必要时进行特别指导。

（4）将因材施教与统一要求相结合。因材施教是促进学生体育学习进步的面向全体学生的重要手段，统一要求是面向大部分学生的标准，两者要结合起来，不可偏废。

（二）主体兴趣性原则

主体兴趣性原则是指在体育教学过程中学生是体育学习的主体，兴趣是体育学习的重要动力，教师的一切教学活动要围绕着学生的兴趣、需要和身心特点来安排。学生的主体兴趣应体现为在教师的主导下积极主动地参与学练活动，进而培养学生对体育的乐趣、志趣，以展示学生的自主性、主动性和创造性。

（1）体育教学以学生学习为主，转变思想，主动学习，学以致用。要给学生足够的自我发挥的空间，教师把练习方法传授给学生，要鼓励学生按照自己的理解去大胆地尝试和练习，调动学生自我锻炼的积极性与主动性，在自我学习中提高、完善学生的个性发展。当然这并不代表让学生放任自流，教师要对学生练习中出现的错误予以纠正，使学生能够迅速且有效地掌握正确的运动技能。

（2）教师要多站在学生的角度去理解教材，不断创新教学方法。学生对教材的理解通常是站在"乐趣""玩儿""挑战"的角度上，而教师通常是从"教育""知识的传授"的角度去理解教材，因此教师要结合两种角度，在教学过程中针对不同的教学内容结合学生自身情况，设计有新意、有乐趣的体育教学方法，才能发挥学生的主动积极性，调动学生的学习兴趣，让他们体验运动乐趣。

（3）将教学内容与体验运动乐趣相结合。在教学中有一部分既教学意义强又容易使学生产生运动乐趣的教学内容，还有一部分虽教学意义强，但学生不太容易产生运动乐趣的教学内容，对于这部分内容，就要求教师在教学中多去发现有乐趣的因素（50米跑，终点是可以放上一根跳绳，谁先抢到，谁就可以练跳绳，一个小小的奖励就能鼓励学生们开心地参与到体育学习中），使体育学习更加有趣。

（4）让学生有更多自我展示的机会。体育课堂学习过程中，在教学内容的巩固提高阶段，教师可给学生更多的展示空间，有针对性地选出学生在同学们面前进行展示，一方面提高学生的心理素质，另一方面也是让其他学生进行点评。对练习好的学生积极进行表扬，对展示学生出现的问题进行复述，并给予及时纠正，促进学生共同进步。

（5）让学生成为课后体育锻炼的爱好者。要想让学生对体育锻炼有兴趣，成为主宰自己课后锻炼的主人，一方面教师要在课堂上对学生进行思想上的鼓舞、心理上的激励，对练习有进步的学生进行表扬。另一方面学校要定期开展趣味运动会或体质监测，调动学生进行体育锻炼的兴趣，克服个别学生对体育锻炼的恐惧，让体育课成为丰富多彩的令学生向往的课程。由此形成一个良性循环，更加有利于下一阶段体育课程的开展，提高课堂效率。

（三）规范性原则

规范性原则凸显教学对学生的高标准，对教师也提出更高要求，在运动实践操作中，教师教学过程中做出示范操作，利用动作、表情、手势的协助，给学生更多训练指导，要求学生按照具体要求做训练实践操作，协调学生听、练、看、想感官活动，体现训练操作的高品质。学生对体育活动有个性追求，教师以规范化做基本教学原则，给学生带来全新审美体验，符合学科训练的基本指标要求。

体育课堂教学需要规范要求，主要体现在学生训练动作展示、运动程序设置、训练要求检查等环节。如武术第一套组合拳。教师先做示范展示，然后对每一个动作做解读展示，要求学生跟随操作，教师对学生的动作做规范指导，组织学生相互观察，对照教师示范操作进行对比分析，找到对方动作不规范的地方，然后进行针对性训练，提升动作规范性。为促使学生建立规范意识，教师专门组织学生观看武术集体性表演，从动作整齐度、力度等角度进行细致观看和分析，找到武术操练的基本要领。学生观看视频之后，能够自行展开规范训练，教师与学生形成多重互动，对学生动作做出纠正。教师还可以利用手机录制学生武术展示情况，让学生自行观看，找到不足的地方，并对应改正。

教师推出武术动作套路，以亲自示范展示、媒体播放演示等形式，为学生提供模仿学习的机会。学生武术基础存在较大差距，规范化表现也不在同一水平线上，教师推出相互观摩活动，对学生形成强烈触动。体育训练是艰苦的，其中包含规范化要求，教师从训练中培养学生的规范意识，也能够渗透体育精神，对学生进行思想教育。

（四）整体性原则

教学的整体性原则有两方面含义，一方面学校教学为一个整体，新课标倡导学生要全面发展，体育作为教学的一部分，要正确地看待它，使之与整体教学协调发展，不能夸大也不能忽视。另一方面体育教学本身是具有整体性的教学活动，因此要将各项体育要素最优化，达到良好的教学效果。

（1）从教学整体意义上看待体育教学。体育教学作为教育的一部分，要充分发挥它的功能，但不能夸大它的作用，要与其他学科教学协调发展，促进学生全面提高。

（2）整体看待体育教学过程。纵向看待体育教学过程是根据学期计划来发展，横向看待体育教学原则，是由教学过程组成，因此应该用整体的眼光看待体育教学，从大局出发，着眼于大的方面来认识体育教学。要制定高效实际的教学目标，促进学生全面发展，优化教学内容，使之适应学生发展，顺应新课程标准的要求，选择有效的教学手段和方式方法让学生更好地接受教学知识、技能。从整体的眼光来看待体育教学，才能发挥教学的最大效果。

（3）用整体的思维开展体育课。关注教材的整体性，体育教学的开展要围绕教学的目标及教学重难点进行；关注体育课的整体性，设计整体的教学情境，贯穿体育课课堂教学，各部分活动要环环相扣；实现场地器材的价值，全面利用。

（五）实效性原则

体育教学有没有效果，这是教师必须直面的问题。教师需要做出更多预案，从学生身心发展的现实出发，追求教学的实际效果，改进教学方法，以提升体育教学的质量和品质。教学目标也应体现体系性，如何做好落实，关键要看教师的调度和指导，让每一个学生都主动参与到体育运动之中，展开多重实践和探索，坚持运动和实践，自然能够达成教学目标。

（六）互动性原则

体育教学带有合作性、互动性特点，这也是教师需要遵循的原则。教师在运动内容选择、运动形式创新过程中，要注意学生的互动诉求，适时融入游戏、竞赛、演绎等活动内容，针对学生兴趣特点设计对应教学，其调度作用会更为突出。学生对合作互动训练活动有特殊情结，教师在具体组织时，还需要注意区别对待，不同群体的学生有不同的运动需求，这是教师教学需要重点考虑的问题，唯有提升运动教学覆盖面，才能促使学生在主动性训练中成长、学习、认知。

体育训练和活动都需要互动来带动，教师在互动性教学时，不仅要引入互动内容，还要做互动发动和组织，让学生自然进入互动环节，在充分调动中建立运动认知。球类项目，大多属于集体互动形式，教师要求学生自行组建比赛团队，选择参与项目，展开对抗赛活动。学生对此非常受用，都能够积极行动起来。如开展篮球比赛，学生组建五人小组，自选对手，教师邀请运动骨干做裁判，确保运动比赛顺利展开。学生参与热情较高，训练活动顺利展开。教师深入学生群体之中，对训练比赛等情况进行总体调控，确保每一个环节、每一个小组的活动都能够高效展开。

学生对比赛活动最有感觉，特别是对抗性比赛，能够激发学生运动潜力，教师让学生自由组建比赛团队，这是学生比较欢迎的。学生自主建立团队，其内部是和谐的，很容易产生凝聚力，教师做出必要指导，给这些团队提供需要的比赛条件，能够快速形成运动成效。学生可以自行设计一些运动游戏，这也是学生比较喜欢做的事情，体现互动性原则。因为游戏带有交流性、互动性、趣味性，更能吸引学生的关注力。

（七）开放性原则

开放性原则是对体育运动的延伸教学，教师需要从运动空间角度展开推演，也可以从学生参与角度进行对接处理，让学生在运动教学互动交流中达成训练共识。在运动执行过程中，教师鼓励学生展开创意操作，也能够体现开放性原则。开放性原则与主体性原则有相通之处，教师要做好整合教学，给学生提供更多主动参与的机会。特别是生活化的运动形式，能够对接生活认知，其调度作用更为突出，能够开阔学生活动视野。

学生进入运动训练状态后，教师不仅要给学生更多操作选择的权利，还要对运动组织做出一些相应调整，让学生自然进入运动情境中，体现体育运动的开放性原则。教师推出自主运动场地，给学生提供更多主动参与的机会，不仅能够调动学生参与热情，还能够培养学生良好运动心态。学生对于体育运动的障碍，主要体现在心态上，教师进行针对性教学，无疑能够给学生提供消除障碍的机会。学生对开放性运动有更高期待，教师对应设计更为科学。

（八）安全卫生性原则

安全卫生性原则是指在体育教学中既要使学生在环境卫生洁净的体育场馆（池）中快乐地从事体育学习，又要确保学生的人身安全，真正把安全卫生教育融入日常的体育教学活动中，确保健康教育落实到教学的各个环节中去。

（1）使学生安全地从事体育运动，首先在课前，教师要充分研究教材，结合学生特点，备好体育课，充分预测可能存在的危险，将安全工作都考虑在前面，防患于未然。教师在课前一定要逐一排查体育器材方面，天气、场地因素方面，学生心理方面，教学内容方面，等等，以消除一切可能潜在的危险，保证体育场馆（池）的环境卫生良好。

（2）体育教学中体育教师要上好体育课，杜绝"放羊式"教学；课前准备活动一定要合理、充分，预防运动损伤；在教学中对于有危险的运动项目，教师一定要教会学生如何做好自我保护与互相保护；对于存在危险的体育器材，一定要做好监管，建立体育课安全保障制度，严格课堂纪律，充分发挥小班长、小组长、体育委员在小组练习时的课堂管理作用，防止安全事故的发生。

（3）对学生进行运动安全卫生教育。在教学活动中，根据运动项目的特点对学生进行安全运动的教育，让学生了解运动安全知识，安全地从事体育运动，预防运动损伤，教育学生爱护、维护好运动场地卫生。

（九）促进运动技能不断提高原则

促进运动技能不断提高的原则指的是要发挥体育教学的最大效益，就要让学生掌握基本的运动技能时做到不断提高，获得优异的运动成绩，这是新课程标准对课程目标中运动技能目标的要求。

（1）在思想上，认识到运动技能提高对学生发展的重大意义。运动技能学习既能提高学生身体素质，又有利于学生掌握体育锻炼的正确方法。因此，对运动技能的传授要到位，忌蜻蜓点水。

（2）研究促进运动技能掌握的"教法"。首先，教师必须自己先掌握每项运动技能的学习规律，然后再通过合理的教法传授给学生。其次，教师可采用个人展示、集体讨论、集体互评的方式来提高学生对运动技能学习原理的掌握程度。

（3）优化体育教学环境及条件。学校要加大运动器材、场地的投资，以满足体育教学需求，这是实现教学技能学习的前提。

（4）强化师资队伍建设。教师自身必须有过硬的体育知识及技能，因此体育教师必须不断学习，参加外出培训、听课、教研探讨等教学活动，加强身体锻炼，提高自身素质及技能水平。

第二节　高校体育教学内容和思想

一、高校体育教学内容

（一）体育教学内容的定义

体育伴随教育的产生而产生，体育教学内容也与其他学科教育内容一样，随着人类社会的需求和教育事业的发展而发展。随着近现代社会的不断进步，体育在学校教育中的地位逐渐确立，形成了比较清晰的轮廓。然而，与其他学科的教育内容相比，体育教学内容因其多样性和复杂性，至今仍然没有形成一个完整的、具有合理逻辑关系的体系。在我国，虽然一般认为最早的体育教学内容是"六艺"中的"射"和"御"，而实际上这只是实用军事技能、生活技能以及基本礼仪的传授，与现代教育理念下的"身体教育"内容有很大区别，也与"体育教学"意义上的内容相去甚远。

世界各国的早期教育中都存在类似的实用技术与技能教育的痕迹，这些都是近代体育教学内容的雏形和基础，代表着不同民族的文化形态和内涵，对形成各国的特色体育教学内容具有潜移默化的影响，对当今的体育教学内容有着重要意义。而现代体育教学内容的形成则是借助具有与发展水平相适应的近代学校和较为科学的学校教育内容体系的出现而实现的。

《体育（与健康）课程标准解读》对体育教学内容有这样的描述："现在，我们对体育教学内容有了和过去不同的一种理解，过去的'体育教学大纲'把体育教学内容等同于教科书，而体育教师的主要任务是'教'教科书，《体育（与健康）课程标准》则是把体育教学内容作为要达成学习目标的一种手段，强调体育教学内容与教科书的不一致性，而是用教科书来教会学生获取必要的知识与技能。"① 姑且不论这句话的逻辑性，仅就从体育教学内容的含义来看，将体育教学内容等

---

① 季浏. 体育（与健康）课程标准解读 [M]. 武汉：湖北教育出版社，2002.

同于体育教材或体育教科书是不够确切的。其实，体育教材或体育教科书所承载的应该是体育课程内容，而当体育课程内容被选出来用于具体的体育教学实践时，才被称为"体育教学内容"。体育教材或体育教科书所承载的是体育教学内容，但其内容数量往往要大于体育教学内容。

因此，体育教学内容可以定义为：体育教学内容是依据体育学科目标选择的，根据学生发展需要和教学条件进行加工的，在体育教学环境下传授给学生的体育运动的知识。

体育、体育内容与体育教学内容息息相关。体育发达程度、体育文化发展的高度、体育功能的选择、体育价值取向的侧重都影响或决定着体育内容的存续与兴衰，这些都已经被古今中外体育发展的历史所证明；而体育教学内容是体育、体育内容的发展以及与学校教育相结合的必然结果。之所以能够形成体育教学内容，是因为体育所包含的教育属性，以及体育实践在各个历史时期所承载的或者被赋予的促进社会政治、经济、文化发展的使命。

（二）高校体育教学的功能

1. 具有娱乐性功能

在体育教学内容的学习过程中，在很多情况下，学生的成功，尽管是经历了种种挫折才获得的，但这种成功足以促使他们振奋精神、情感愉悦。学生在心理上的满足感、愉悦感，会激发他们思维活跃，创新求异精神得到极大提升，从而提升他们对其他学科的学习效率。体育教学内容所隐含的竞争性、规范性、公平性、趣味性等特点，使它具备了强大的吸引力和愉悦学生身心的功能。当学生参与到自己喜爱的运动之中时，在不断地战胜自我，征服种种困难后的胜利喜悦中，在经历多重困难而后圆满完成或掌握某一体育技术或动作方式的学习过程中，在体育竞赛中与对手斗智斗勇、拼体力、拼技术的反复对立与较量过程中，在与同伴较为默契的技战术配合中，学生都能够获得身心两方面成功的快感，也都能得到一种难以言表的心理满足感，这些感觉会使学生真实地感受到自我价值的发挥和实现，这些情绪体验也都会促使学生不断增强自己的自尊和自信心，提升他们的对体育学习成功的愉悦性与自豪感。

因此，无论是从学生的身心成长与发展方面，还是对学生社会适应性培养的需要方面，体育竞赛、体育娱乐、体育活动、体育练习都是学生精神生活追求所不可或缺的重要内容。

2.具有多元的教育功能

（1）规范意识教育功能

所谓"规范性"是指合乎某一事物、现象运行规律的规则或要求的属性。我们经常说，人既是一种个体，即人就是人自身，又是一种群体，即人是社会的人。个体与群体之间必须关系协调，才能相互促进，使彼此获得更好的发展。社会的发展要保持一定的持续性和稳定性，对其中的每一位成员来说，就得有一定的规则或要求（规范性），因此人类个体为了适应复杂的社会生活，不得不建立起一种共同认可的社会规范，这种规范要求每一位社会成员必须了解并遵守。而体育教学内容从其诞生的那一天起，就与人的发展联系在一起，就具有对参与者进行规范性教育的目的性，因此学校体育教学内容也就具有了对受教育者进行规范意识教育的功能。

（2）公平意识教育功能

竞争性是体育运动的最大特征和最基本属性，而公平竞争、自由竞争也是体育教学内容的显著规定性之一。体育、体育教学内容中，"竞争"是核心，"公平"是前提，竞争必须在公平、公正的环境下进行，公平也必须落实到竞争的每一个环节。体育规则所涉及的每一项内容都意在既保证每一位参与者都应共同遵守，也保证每一位参与者，无论是裁判员，还是运动员都享有同样的、值得尊重的地位。高度程序化、规范化、制度化、法制化的体育竞赛设计就决定了体育各个项目的比赛必须是井然有序的公平竞争。很显然，公平、公正是我们追求的社会主义核心价值观的主要内容。而学校体育教学内容无论是以西方体育文化为主体的现代体育竞技内容，还是以东方体育文化为主体的竞艺性娱乐、游戏等体育教学内容，对参与者、评判者、观赏者来说，首先保证的就是不论职务高低，不分年龄长幼，不管身份地位，均应公平参与，平等竞争，尊重对手、团结同伴队友等，这对学生的公平意识教育无疑具有重大的意义。

（3）康健意识教育功能

康健意识是指人类为维护自身健康，促进身体发展而预设的关于人体保健与健身促进的知识、理念。与康健概念较为接近的概念"健康素养"，是指能够在生活或运动中，理解、获取个人健康运动、健康生活的信息，并运用这些信息维护和促进自身健康水平和运动能力。学生无论学习何种体育教学内容，无论参与何种体育教学内容的锻炼，这种体育教学内容都会给学生关于自身对这种练习强度、密度、难度，以及这种练习对自身健康促进作用强弱、锻炼效果好坏等的体悟与反馈，这种适应性的体悟与反馈能使学生体察或感知到自身的生理、心理健康水平，从而在锻炼过程中提升自身的体育锻炼意识，依据自身的具体情况调整锻炼方式、方法，这就是体育教学内容促进学生增强康健意识和健康素养功能的实现过程。

（4）文明意识教育功能

在互不相让的剧烈对抗中，不忘尊重对手；在有我无他的激烈竞争中，保持对对手的宽容友善；在面对失败的挫折时，不失优雅风度；在头顶胜利的光环时，不失谦谦君子风采。这些场景在体育比赛中经常出现，令人激动和向往。对参赛者来说，这就是一种文明意识。对所有的社会人来说，这就是支撑人类社会发展，密切人与人之间的关系的精神文明。再如，服装对人类而言早已不只是保暖遮羞的工具，它还能够反映人的很多内涵，包括审美观、品位、态度、社会地位等。同样，不同体育项目对服装、礼仪有不同的要求，一些要求是针对项目制定的，一些要求是依据观赏者的审美要求制定的。符合要求的、得体的着装是体育参与者最基本的礼仪。例如，跳水运动员不能着长裤，跆拳道运动员不能穿短裤，体操运动员不能穿皮鞋，台球参赛者不能穿运动鞋，等等——这就是体育重视对人类"文明意识"培养的具体表现。

就学校体育教学内容对学生的要求而言也是如此，体育素材在转换成学校体育教学内容时，就保留了这种对学生文明意识培养和教育的功能。例如，在体操教学中，需要学生以高度的责任心去保护与帮助同伴，不论保护与帮助的对象是自己的竞争对手还是合作伙伴；在体育教学内容的实践环节中（如篮球赛、排球赛等教学比赛）要求学生尊重和保护对手，不论对手是自己的同学还是他人；除此之外，武术抱拳礼、跆拳道的鞠躬礼、体操的举手示意礼等，无论是对学生还是对教师都是一种审美教育、精神气质教育、行为规范教育，归根结底是一种文明意识教育。

3. 具有满足学生个体需求的功能

学生在校期间，对知识的学习和掌握是一个艰辛的过程，在这一过程中，学生的身心都要承受巨大的压力，如精神紧张会引起学生生理和心理发展不协调，紧张的学习生活会造成学生之间的交流与交往困难，长时间的静坐学习会使学生因为运动不足产生种种健康隐患，而丰富多彩的校园体育文化生活可以使学生追求身心和谐发展，追求健康、高质量、高效率的学习生活，自我价值的充分发挥等愿望得以实现。因此，学生在学习体育教学内容的同时，也在享受着一种愉悦精神的心理体验，特别是当学生将学习得来的体育教学内容应用于学校课外体育活动的实践中时，不仅能促使他们身体健康和体魄强健，还能为学生提供丰富多彩的校园体育文化生活和文化产品，满足学生现实的体育需求。

（三）高校体育教学的基本内容

高校体育教学的基本内容有体育训练、技术训练、战术训练、专业理论研究、心理训练、恢复训练等。由于体育运动强调身体在课堂中的变化，因此体育教育强调提高学生的身体素质，所以说体育锻炼应引起我们的重视，这是体育教育中应注意的一个问题，这就是为什么学生喜欢体育，但也讨厌体育。在体育教育中，必须改进和创新教学和训练方法，以使学校体育教育更符合现代教育趋势。

身体训练是指发展诸如力量、速度、耐力、敏捷性、协调性和柔韧性等身体特征的训练。体育锻炼是关于提高身体健康水平和提高人体各种器官系统的功能能力。体育锻炼分为一般体育锻炼（无装备、有装备）和特殊体育锻炼。

学生时代是一个身体成长的时代，是提高人体耐力的黄金时代，在教育过程中，应注意确定人类成长和发展的敏感时期，人类无法改变生物特性的生理规律。身体健康发展的敏感时期隐含着这样的事实，即人体的生长和发育具有快速、缓慢和起伏的特性。不同的素质在不同的年龄阶段具有不同的增长率。

二、高校体育教学思想

（一）快乐体育思想

1. 相关概念

（1）快乐体育

"快乐体育"一词最早出现在 1979 年的日本。二战后的日本经济飞速发展，为了适应当时社会的发展状态，满足人们的精神生活需要，演化而成了"快乐体育"这一学校体育指导思想。日本有关学者认为，在运动中挖掘出其独有的乐趣，并将这种乐趣作为学习的内容和目的，这就是快乐体育。通过体育运动带来的快乐让学生潜移默化地接受它，慢慢培养终身体育的意识，让学生知道体育锻炼是一件幸福的事情，应长期坚持。我国学者认为，快乐体育是一种教学和教学过程，也是一种方法和口号。快乐体育是以学生个性化发展为前提，从教育情感为落脚点，把学生培育成以拥有健全的人格和良好的身体为基本目的的一种教学理念。快乐体育就是让学生在运动学习过程中体会到快乐，乐在其中。

（2）快乐体育思想

快乐体育思想是指导体育教学的一种思想，目的是使学生在学校体育教学中产生愉悦感和成就感，就是要让学生在运动中体会参与、理解、掌握以及创新运动的快乐。

2.快乐体育思想在高校体育教学中的应用

（1）激发学生兴趣

在高校体育教学中，教师要创设教学情境，帮助学生理解技术难点，突破学习障碍，激发他们体育学习的兴趣。教师要设法营造轻松愉悦的教学氛围，或者以有趣的故事导入，或者以风趣的语言表述，或者以问题吸引学生的注意力，让他们对问题进行思考。如在教学跨栏跑时，教师要向学生介绍这项运动的由来，以此集中学生的注意力，让他们的思维活跃起来。同时，教师要为学生留有更多主动权，让他们在模仿中暴露自己存在的问题，教师还要通过课堂观察了解学生存在的问题，并进行针对性讲解，这样会使学生对重点和难点的内容理解更深入，也使艰涩的体育教学变得易于理解。另外，教师要针对学生的心理特征，采用有趣的教学活动激发学生的参与热情。

（2）运用游戏教学

很多高校学生并不喜欢当前的体育教学模式，他们觉得教学方式和教学活动比较枯燥，缺乏完成活动任务的热情，还会对体育活动产生排斥心理。学生将体育视作一种负担，会产生畏难情绪，难以全身心地投身体育运动。面对一些学习障碍，学生也不愿意去克服困难，产生了放弃的想法，他们更不愿意花费时间去参加户外体育锻炼。面对学生消极应对的现状，教师要改变传统的教学策略，运用游戏化教学的方式，激发学生参与体育学习的兴趣。游戏教学既能让身体的多部位得到运动，又能提供形式多样的运动形式，这与高校学生的心理特点相契合，有助于提升高校学生的身体素质。游戏，能引发学生的讨论、实践，让他们大胆表达与众不同的观点，并对体育活动保持好奇之心，能饶有兴趣地投身活动，养成团结互助的品质，让班集体变得富有凝聚力。游戏教学具有趣味性、多样性，容易受到高校学生的喜欢，能让他们收获成功的喜悦，感受竞赛所带来的快乐。

（3）运用激励教学

很多高校学生对运动项目缺乏热情，在体育学习活动中难以集中注意力。很多教师受传统教学模式的束缚，重灌输、轻吸纳，导致教学低效。部分教师对新课程理念的理解存有误差，他们将课堂全交给学生，采用放羊式的管理，学生未能学到与所学内容相关的知识。

高校学生不仅需要掌握过硬的技术，还要拥有强壮的体魄。教师要立足于高校学生的身心发展规律，采用语言、情感等激励方式让学生感受到运动的快乐。

同时，教师要针对学生缺乏运动的缺点，采用激励教学的方式吸引学生参与。如教师可以通过目标激励的方法，为每个学生制定适宜的目标，让他们享受成功的喜悦。

教师要通过激励性的教学构建高效的教学环境，为学生留有充足发展的空间，让他们对自己的身体发展有一个合理的规划。无论是集会、体育活动还是体育竞赛，教师都要通过激励性教学帮助学生养成良好的学习习惯。教师的激励，可以让学生主动排队，做到快速、安静、整齐，在竞赛中激励学生，让他们信心百倍，更好地表现自己，从而提升课堂教学效率。教师要采用多样化的激励方法，调动学生参与学习的积极性，还要加强与学生、教材之间的互动，以多样化的方式激励学生。如在跳远活动中，教师可以运用语言表扬获胜的小组，也可以用风趣幽默的语言激励落后小组，调动学生参与课堂的积极性。在体育教学中，教师要让他们成为课堂的主角，与他们一起制订教学计划，引导学生之间开展互动交流，让"一言堂"变成"群言堂"，促使学生积极发挥自己的潜能，主动解决学习中遇到的障碍。

（二）健康第一思想

1. 健康第一思想的内涵

（1）强健体魄

作为国家的希望和未来，高校学生要锻炼身体、爱护身体，因为只有个体强大起来，国家才有前途，民族才有希望。人民的身体素质以及青年一代的健康直接关系到民族的发展，关系到整个国家的命脉。高校学生只有拥有一个健康强壮的体魄，才能成为合格的社会主义建设者和接班人。

（2）以人为本

始终坚持以学生为主体，充分发挥学生的主观能动性，健康是生活的出发点，也就是教育的出发点。学校应该从学生自身出发进行体育课程的改革，应该根据学生的兴趣开展更多的课外体育活动课、体育社团活动，让学生充分参与进来、锻炼起来、动起来。学校也应该定期开展体育运动会及各项体育竞赛活动，以赛代练，彻底激发学生的体育学习兴趣，让学生锻炼起来。作为体育教师，可以根据不同学生的身心特点，布置相应的体育课后作业，家校结合。体育教师应该根据不同学生的生理特点来选择不同的锻炼方式和运动项目，发挥每一个学生的特长，让学生自觉地运动起来、锻炼起来，达到强身健体的最终目的，践行健康第一的教育思想，这一思想对于之后的教育改革具有划时代的意义。

（3）体育与卫生健康教育同步进行

为了能让高校学生的健康得到更好的保证和发展，要提高高校学生的体育运动。运动可以使人健康，但是也要提高自身的卫生理论意识，强调要将理论与实践相结合，锻炼与预防相辅相成，才能达到更好的健康状态。因此，需要学生注意以下几点：①科学的观察与诊断，就是要求学生在平时日常生活中要用科学的方式来观察自己的身体状况，提高自我察觉意识。②要注意自身的饮食习惯、营养的摄入，特别是现在的学生挑食严重，这就导致了很多身体需要的营养得不到及时的供给，身体难免会出现营养不均衡，导致身体出现健康问题。③作为学生，学习固然重要，但是也要合理安排睡眠时间与休息时间。④在学校、家庭教育中应该灌输更多的卫生知识，从源头上预防健康隐患。

2. 健康第一思想对体育教学改革的启示

我国的教育现正处于应试教育阶段，高校学生在进入大学之前，大多数的家长只关心孩子的文化成绩，这就在一定方面导致了学生对于体育的重视程度不够；还有的学校对于体育教学的重视程度也不够。因此，在学生进入大学阶段之后，对于高校来说，首先要将学生的健康放在首位，可根据学年不同、学生兴趣爱好不同等方面开发更多的体育课程，让学生自主地参与到体育运动中去。其次，作为体育教师，要充分认识到教师对于提高学生的身体健康的责任之重大，在上课的时候要关注到每一个学生，在传授技能技巧的同时，也要发现每个学生的兴趣特点，充分发挥学生的潜能，培养学生良好的运动习惯，将终身体育思想灌输给每个孩子。最后，在部分高校，由于体育师资力量的缺乏，很多体育课都是由兼职教师负责，这些兼职体育教师是否会挤占体育课？是否能合理安排好体育课的教学内容？能否准确把握好学生的运动负荷？对此，相关教育部门应该投入更多的师资力量，招聘更多的专职体育教师，让学生能真正上好每一节体育课，为全面提高学生身体素质更好地服务。

（三）终身体育思想

1. 终身体育的概念

终身体育是指一个人终身进行身体锻炼和接受体育教育。其含义包括两个方面：一是指人从生命开始至生命结束始终学习与参加身体锻炼，使终身有明确的目的性，使体育成为一个人一生中不可或缺的重要内容；二是在终身体育思想的指导下，以体育的体系化、整体化为目标，为人在不同时期、不同生活领域提供参加体育活动机会的实践过程。

2.终身体育思想的内涵

（1）价值观

学校体育以培养什么样的学生为发展的中心和终极目标，是全面发展的学生还是片面发展的学生？这正是区分终身体育指导思想和传统学校体育思想的根本界限。目前我国的体育教学的指导思想有：体质教育思想、技能教育思想、快乐体育思想、健康第一思想、素质教育思想和终身体育思想。终身体育思想要求现代体育教学必须以体育基础知识、技术与技能的学习、掌握和运用为手段，以快乐学习为方法，使学生获得积极的情感体验，达成增强体质、增进健康、培养学生进行体育锻炼的意识、兴趣、习惯和能力的目的，最终实现学生综合素质的提升，深刻地体现了对学生在自身需求、运动能力、社会关系及自由个性四个方面的全面发展的价值追求。

（2）目标观

终身体育思想以人为出发点，着眼于未来，被视为跨世纪的体育思想。终身体育是把体育作为一种生活方式和存在方式，所以，对学校体育的教育功能的认识必须达到新的高度——学校体育必须表现出一定的延展功能，不仅要解决体育教育的问题，还需能够指导家庭体育与社会体育；对体育教学必须提出新的要求——作为一种以身体运动的方式来实现教育的活动，是学校体育最重要的、带有决定性意义的关键环节，要面向终身体育，深化改革，始终坚持以学生的全面发展为出发点，以培养学生获取终身受益的能力为主导，把培养学生的自我教育能力作为一个重要原则，注重激发学生内在的体育动机，重视学生自主锻炼能力的提高和锻炼习惯的养成，拓宽目标，朝着由追求阶段效益向阶段效益与长远效益相结合的方向发展，具体体现在：①增强体质基础；②掌握必需的基础知识、基本技术、基本技能；③培养体育兴趣；④树立终身体育的意识；⑤获得终身体育的能力；⑥养成终身体育的习惯。

（3）知识观

知识观是对知识的认知和辨析，对怎样看待和思考教育教学有相当大的影响。知识观规范着教学设计，什么样的知识观导引什么样的教学模式，就会引发相应的教学行为，进而产生什么样的教学效果。终身体育思想对知、情、意、行的高度统一，要求我们重新审视体育教育理论和教学实践。从学生个体发展的角度出发，在教学中要注重学生的缄默知识，教师不是知识权威的象征，学生也不是空着脑袋进课堂，教学不应只是知识的传递与接收，而是教师引导学生依据已有经验对动作练习中出现的现象发表见解，对新知识进行处理，才能实现知识的内化。

从教学结果的表现形式看，体育教学结果不像其他学科一样较多地表现对知识的记忆、理解和推断，它更多地表现为学生内在地将知识、技术融合后对自身行为的改造。任何技能的学习都必须是个人的一种体验。在教学实践中教师尽可能科学地、通俗易懂地表达和传授运动技术动作，但具体技能中的奥妙与诀窍还是难以表达清楚，只能让学生在反复练习中感受和体会，出现"只可意会、不可言传"的现象，这类不能直接传授的知识就属于缄默知识的范畴。所以说，体育教学中除了存在显性知识，如体育理论知识、运动技术、战术、规则，还存在很多的缄默知识，表现在运动技能、动作技巧、运动知觉、临场经验和人际交往等多方面。综上所述，终身体育思想指导下的体育教学活动要注重缄默的潜在知识，摒弃绝对客观的知识观念，对知识、技术的获得重新思考，充分认识缄默知识对教学实践及教学改革深化的现实意义。

（4）时空观

终身体育作为生活方式的一种体现，其稳定性受基础知识、技术、战术、能力、兴趣、习惯等诸多因素的牵制，体育教学要想使体育成为学生的终身行为，绝非一朝一夕之功。课堂教学用同一进度、同一内容面向全体学生与学生个性发展和潜在能力开发的矛盾；教材信息的静态性与运动技术动态演绎的冲突；仅有课时学习对生活方式形成的缓慢作用；课下体育运动很少进入学生生活；等等，所有问题都说明现有的体育教学无法面向终身体育。所以，教学的视野绝不能再仅仅局限于课堂、教材，教师要推进课内外一体化，最大限度拓展教学的时间与空间，引导学生在更为广阔的视野范围中寻找、发现、充实、提高，使其在课下能根据需要到体育场、图书馆、网络平台进行学习，真正让体育运动融入学生生活，成为不可或缺的一部分。

3.终身体育的重要性与特点

体育教育是教育的主要构成部分，是体育科学的一个分支学科，也是素质教育的手段之一，高校的体育教学目标是以学生和社会的需求为出发点的。很明显，在最近的几年中，人们发现具有终身体育习惯的人拥有更加健康的体魄、更加坚强的意志、更加优秀的沟通和协作能力，可见，科学合理的体育教学能够帮助学生更好地适应社会。因此，终身体育教学思想就成为高校体育教学的重点。

高校终身体育教学以培养学生终身体育理念及习惯为重点。体育锻炼对学生有很多的益处，既可以提升学生体质，又可以增强心理素质及人际交往能力，学生能够在体育学习中体会这些好处，就能开始自觉坚持体育学习，习惯形成后，即使没有教师的引导和督促也能自主进行终身的合理体育锻炼。

终身体育的主要特点体现在具有较强的时间性，以终身为时间目标进行体育锻炼和体育学习；终身体育的对象是社会大众，而不只是仅仅包含体育爱好者和从业者；终身体育的锻炼和学习形式是丰富多彩的，人们不必拘泥于某种形式，而是可以尽情地选择自己喜欢的体育项目进行学习和锻炼；终身体育锻炼的目标非常明确，那就是提升人们的身体素质及生活水平。

4.终身体育教学思想的作用

（1）提升高校体育教学的目标

终身体育教学思想被提出以前，高校的体育教学目标仅仅是在大学期间内提升学生的体育水平，目标单一对学生的影响也比较有限。将终身体育这一思想与大学的体育课程相结合，能够在一定程度上推动大学体育教育的不断发展和完善，而且能够帮助学生采取更适合的方法学习体育课程，更好地适应当前新形势的发展。终身体育教学思想被提出以后，高校的体育教学目标变得更加清晰，那就是培养学生终身进行体育锻炼和学习的意识，意在通过终身体育提高其身体素质及生活水平。

（2）增加高校体育教学的多样性

终身体育思想提出以前，高校的体育教学是比较单一和枯燥的，该思想提出之后，为满足终身体育教学的目标，高校以体育课程大纲和课程标准为依据，在此基础上开发和整合了更多的体育项目和体育方式，使学生自主选择感兴趣的项目进行学习，有利于提升学生的体育兴趣，体育兴趣的产生和维持是学生实现终身体育意识和习惯的重要开端。

（3）终身体育教育在高校体育教学中的重要性

在大学体育教学中融入终身体育思想，能够让大学生认识到体育锻炼的重要性，并养成良好的锻炼习惯，高校体育教育是终身体育的重要组成部分，高校是学生受教育的终端，除少数选择深造的学生外，大部分的学生会选择进入社会参加工作。因此这一阶段教师能够帮助学生养成终身体育意识和习惯，对于他们以后的人生来说是极为重要的。如果教师能够在高校体育教学中帮助学生培养良好的终身体育意识及习惯，那么他们在毕业之后仍旧能够坚持自己喜欢的体育方式进行锻炼，并且会使用科学合理的方法进行有计划的锻炼，一旦学生的良好习惯养成，他们毕业后离开教师的督促也依然能够坚持终身体育锻炼。如果学生在高校期间没有形成良好的终身体育锻炼意识，那么毕业之后因为工作繁忙、时间紧张等情况，基本上就会放弃体育锻炼，对身心的健康发展都是不利的。终生体育思想涉及技能教育、健康教育等多种素质教育，能够在高校体育教学中起到非常重要的作用，对学生的影响也是非常深远的。

5. 终身体育思想在高校体育教学中的实施策略

（1）加强终身体育锻炼项目

体育锻炼就是人们在个人生活中选择与自己相适应的、有利于健全自己身体和精神的生活、工作方式及身体锻炼方式的过程。中国的学生从小学到大学，虽然接受了十几年的体育教育，但是当离开学校走向社会后，真正能坚持体育锻炼的人数不多。原因是多方面的，反映出高校体育教学严重脱离学生实际。其突出表现是教材内容设置缺乏科学性、健身性和实际性，使学生在校期间没能真正掌握终身体育锻炼的知识、技术和技能。另外体育项目繁多，有些项目在学校能开展，但工作后由于受条件、环境的限制就无法进行，也有的项目与年龄有关。因此，从体育教学目标和内容上应注重适应性强，锻炼价值高和易学易练开展的特点，使学生在校期间能真正掌握两门以上终身体育锻炼的知识、技术和技能，为终身体育锻炼打下良好的基础。

（2）巩固终身锻炼项目

体育锻炼能力是在不断地参加体育活动中形成、巩固和提高的。课外体育锻炼是课堂体育教学的延续和补充，可以巩固和提高体育教学所学的内容，是培养学生兴趣、爱好、提高学生锻炼能力和养成终身体育锻炼习惯的重要措施。作为教师要把传授体育知识、技能与养成体育锻炼的习惯结合起来，让课外体育锻炼活动中体现出终身体育的特点。在课外体育锻炼活动中，组织形式多样的年级、班级以及小组的竞赛活动，增加终身体育锻炼项目的实践机会，有利于提高学生的体育意识和体育活动能力。对于体育基础较好的学生，能全面发展身体素质，不断提高运动技术水平，对于体育基础较差的学生，可以增强自觉锻炼的信心，有利于提高学生参与体育锻炼的积极性，以保持教学效益的连续性和延伸性。

（3）渗透终身体育思想

高等教育中公共体育的定位决定了其应达到的目标不是阶段性的，而要追求更长远的效益，体育教学包括体育技能及体育历史文化等教学，教师不仅要在体育教学中教授体育锻炼技能，还要向学生传递体育精神和体育思想。终身体育思想的提出，使高校体育教学的目标、理念及教学计划、方法等都发生了重大的变革。过去教师在高校体育教学中，大多是以提升学生体育水平为目标，而随着新思想的提出，教学目标和方法都为之改变。教师在教学过程中应当帮助学生明确学习体育课程的目标，也就是培养学生的终身体育意识及习惯。基于此，教师应当有理有据地向学生说明终身体育思想的重要性，如可通过向学生普及社会对人才的需求以及身边人举例等方法，使学生切实明白终身体育思想对自身的益处和重要之处，促使学生接受终身体育思想，促进学生终身体育意识的萌芽。

（4）培养终身体育习惯

学生的终身体育意识开始萌芽后，教师需要对其进行进一步的巩固。终身体育习惯是终身体育教学思想的重点内容，在高校体育教学阶段，教师要帮助学生培养良好的体育习惯，如定时开展体育锻炼，并在体育教学中教会学生用科学健康的方法进行锻炼。研究表明，人们二十八天可以形成一个习惯，也就是说某种行为，如果人们可以重复二十八天，那么这就会成为习惯。体育教师明白了学生的这个特点之后，就可以根据该特点进行教学计划的制订和实施。比如体育教师可以在每天早晨利用一小段时间，引导学生进行某种简短的体育锻炼，如慢跑等，只要将该行为坚持下去就能帮助学生养成良好的体育锻炼习惯。值得注意的是，在体育习惯的养成过程中，教师一定要帮助学生养成科学的体育锻炼方法。如在慢跑进行之前，先引导学生进行热身运动，可以有效地避免学生在跑步过程中关节或肌肉受损。

（5）加入终身体育思想考核

目前阶段下，我国高校体育教师对学生体育成绩的评价标准较为单一，那就是体育考试成绩。其实这种考核标准并不能全面地反映出学生的体育水平，体育成绩应该与学生本身的身体素质挂钩，教师不应该以同一种标准对学生进行评价。如体质较为强健的同学，相适应的考核标准应该定得高一些，而体质较差的同学相适应的评价标准则可以适当放低，因为每个人的体育潜力是不同的，教师的教学目标应当是使学生在体育方面获得最大程度的进步，而不是使学生统一达到某种要求。

在终身体育教育思想的影响下，体育评价系统也应当作出适当的变革，如应当将学生的终身体育思想和意识也纳入体育考核之中。终身体育思想被纳入考核当中，才会引起学生的重视，他们才能有目标、有意识地学习终身体育思想，并在学习中了解和接受终身体育思想，在此思想的推动下，开始学习科学的体育锻炼方法，培养科学的体育锻炼习惯，如此，高校体育教育才能提高学生的综合体育水平，才能让他们在体育锻炼和学习中受益终身。

（6）将终身体育思想作为主要指导

终身体育思想是高校体育教学理念的重大改革，教师应对终身体育思想教学引起重视，明确该教学思想对学生的重要性及教学目标。但这个目标的达成并不是一蹴而就的，需要教师做出很多努力。还要做到适当地增加体育形式的多元性和趣味性，使学生对体育锻炼产生兴趣，在此基础上培养学生的终身体育锻炼意识和习惯，并教会学生使用正确的方法进行体育锻炼，增强体质的同时避免或减少对身体的损害。

第三节　高校体育教学课程

一、高校体育课程的类型

（一）体育理论课

体育理论课，指的是教师可以从含义概念的角度向学生普及生命教育。以田径项目中的跑步项目为例，学生正处于身体发育的黄金时期，持之以恒的跑步训练对于学生的骨骼与肌肉发展都有非常好的帮助，大部分学生都可以直观上看出个子长高，肌肉更加结实，这就是生命发展的一种形式。将体育教学与生命教学相结合时，体育理论课可以帮助学生更好地理解体育运动之于生命发展、个体成长的过程、意义与价值，让学生认识到生命发展的魅力与体育锻炼的价值。

（二）体育技能课

体育技能课，指的是教师可以从提高身体素质，强化机体力量的角度向学生普及生命教育。以田径项目中的跳远为例，这个项目对学生的跳跃能力有很大的训练价值，而跳跃能力又关乎学生的腿部肌肉力量、腰部力量等，教师在课堂上通过向学生传授提高跳远能力的技能，帮助学生跳得更远，尤其是以更加轻巧的方式会跳得更远，无疑可以帮助学生提高机体素质，这也是生命教育中延展、蓬勃生命力的教育内容。

（三）体育安全课

体育安全课，指的是教师可以在教学中通过指导学生进行运动锻炼的防护来进行安全意识的教育。

二、高校体育课程的意义

（一）锻炼学生的意志

锤炼意志之所以成为新时期高校体育课程改革的又一重要目标，不仅在于良好的意志品质是发展智力、克服困难、完成各种实践活动的重要条件，同时也是塑造坚强性格、保持心理健康和完善自我修养等综合素养培育的重要内容。但良好意志品质不是生来就有的，而是后天在教育的作用下通过自己的努力逐步发展起来的；同时，综合素养的提升也不是短时期就能形成的，是需要长久磨炼才能建立的。在体育运动中本不缺乏意志的锤炼，但教学的弱化不仅削弱了意志品质的培养，同时也影响了学生综合素养的培育。在体育教学中进行基于意志锤炼的综合素质培育，就是要将体育运动技能学习过程中的持之以恒与刻苦练习的教学过程上升为面对困难、迎接挑战的意志锤炼和综合素养的培育过程。一方面，使学生能够主动克服艰难险阻、畏难心理，积极投身体育运动技能的学习与练习之中，引导其勇于面对挑战、克服困难、坚持锻炼；另一方面，引导学生将意志品质的锤炼置于长期的体育运动和人生发展之中，将意志品质的培养内化为一种良好的体育生活方式。

（二）提高学生体育的参与度

兴趣是最好的教师，乐趣是最好的动力。以享受乐趣为导向的体育课程改革目标不仅没有降低课程的标准和对学生学习质量的要求，相反，对教学内容、教学形式、教学方法与手段等均提出了更高的要求。因为当代日益丰富的体育物质文化和精神文化不仅改变了大学生对体育简单肢体运动的认知、推动了学生对运动需求的多样化发展，同时也促使大学生完成了在高校体育课程中由被动参与向主动选择的心态转变。

（三）有利于学生人格的健全

健全人格的培育之所以成为新时期高等院校体育课程改革目标之一，在于只有健全的人格寓于健全的身体之中，才能承担繁重的工作，才能以正确的世界观、人生观和价值观服务社会、建设国家。体育作为一项专门化、社会化的身体运动，在技能传授、技术学习和运动练习过程中从不缺乏对健全身体的塑造，但却常常因忽视健全人格的培养而导致学生自卑、抑郁、怯懦、孤僻、冷漠、悲观等不良人格的形成，并导致学生性格偏激、行为异常、乖张、情绪控制能力差、性格孤僻等不良行为的产生和发展。要在体育课程中培养健全的人格并将其寓于健全的身体之中，一方面要在教学中增加德育培养，通过德育健全大学生的人格，让学生通过体育运动的学习与练习、传统体育文化的阐释，实现健全人格的形成；另一方面要通过身体形态的优化、运动技能的建立、体质健康水平的提升，促进其形成科学的认知观，增强自爱、自强、自尊和自信，以知行合一的体育行为诠释健康体质与良好人格的融合发展。

（四）促进大学生体质健康发展

促进大学生体质健康发展，其实质就是通过体育课程改革提升学生的体质健康水平。近年来我国大学生体质健康水平持续下降，这种情况不仅说明我国高校体育课程育人成效较低，同时也表明大学生体育学习与运动锻炼不足。而要通过体育课程增强学生体质，就要针对当前学生"体质水平低、运动技能弱"的教学境况，一方面设置恰当的教学内容，提升学生课内外体育运动技能的学习质量与练习成效，通过完善教学方法，构建多样化、专门化的体能训练和技术训练手段，以合理的练习数量、频次与强度负荷，形成对身体生理机能的应激和精神上的愉悦反馈，促进身心的健康发展、体质健康水平的不断提升；另一方面，以教学实践促进学生对健康体育生活方式的认知，通过多种体育运动实现学生的身体机能发展，将学生的体质健康获得建立在体育技能的学习与练习过程之中。

第四节　高校体育教学评价

一、体育教学评价概述

（一）特征及趋势

体育教学评价的特征及趋势可以概括为：一个"一"和三个"多"。"一"指的是一致性，即：评价目标与教学目标的一致性。三个"多"分别指的是多面性、多元性和多样性，即：评价策略的多面性，评价指标的多元性和评价形式、方法的多样性。

（二）理念与目的

1.理念

在素质教育思想的指导下，结合体育教学评价的原则，对体育教学评价的理念进行更新是势在必行的。素质教育倡导全体性和全民性，主张能力和素质比知识更加重要，将学生的综合素质的培养作为工作重心。基于此，体育教学评价应该遵循以下三点原则：其一，不以单一的测试结果作为最终的价值判断；其二，评价的视野要广泛，面向每一个学生，更多地注重学生的进步；其三，评价的尺度应该由全体学生必须达到的基础标准和促进学生个性发展的具有梯度差的标准组成。

由素质教育的思想形成体育教学评价的原则，这是体育教学评价理念更新的依据，具体理念表现为两个方面：一方面指体育教学评价坚持"促进效益""服务于培养人才"，也就是说，体育教学评价应该从简单化的结果赋值深入促进体育教学效益落实的层面，以期为培养人才的总体目标服务；另一方面指体育教学评价坚持"学生的内在体验大于外在评判标准"，学生作为体育教学的主体部分，只有尊重学生的内在体验，体育教学评价才可能趋于真实。

2. 目的

人的实践活动以目的为依据，目的贯穿于实践过程的始终。体育教学评价这一实践活动根据自身需要，借助意识、理念的中间作用，其目的可以概括为四点：了解、判断、促进和培养。了解指的是了解学生的学习成绩与表现，以及达到学习目标的程度。判断指的是判断教师和学生在现阶段存在的不足并分析原因，以便及时做出改进措施。促进指的是给教师和学生提供展示机会，从而有利于学生个性发展，鼓励和促进教师和学生的进步发展。培养指的是培养学生正确认识自己和评价自己与他人的能力，达到自我教育和相互教育的效果。

二、教师评价

教师的评价方法主要有：领导评价、同行评价、学生评价和自我评价，四种评价方法相互参照、相互补充。领导评价即通过组成领导班子，定期或者非定期地对教师的教学效果和教学行为进行评价，主要是采用听课、检查教师备案或学生作业、召开座谈会、发放问卷等方式。同行评价即通过具有相同教学经历的同一教研室、年级组的教师对待评价教师的学科知识掌握程度、最新学科研究成果前沿的触碰程度、课堂教学所承担的责任等方面进行判断，主要是采用听课和讲座的方式。学生评价即通过教学活动的主体——学生对教师进行评价，这种方法较有说服力，近年来受到鼓励，为有利于师生沟通，防止引起师生关系的不和谐，主要采取匿名书面描述、调查问卷等方式。自我评价即教师本人对自己的教学进行分析、反思，然后做出恰当的自我判定。

三、学生评价

（一）基本评价方法

学生的评价方法中，最基本的方法是考查和考试，以纸笔测验为主，其本质是量化评价。但是，随着评价方法的人性化、多元化发展，已经出现了实作评价、动态评价、直接评价、档案评价、真实的评价等方法。实作评价的具体步骤：让学生在真实情境中去显现自己所学的知识与技能，要求学生完成一项活动或一个作品，例如在健美操教学中，让学生利用课中所学的基本功，自己编排出一套健身操。动态评价是一种过程性评价，集评价与教学为一体，采用"前测——教学介入——后测"的方法持续地对学生的学习行为进行判断，以期判定学生的可塑程度，进而寻求激发并维持学习者认知功能积极变化的途径。

（二）过程性评价

1.过程性评价的概念

1967 年，美国哲学家斯克利芬首次提出了过程性评价这一概念，后由美国教育学家布鲁姆将其用于教育实践活动中。在体育与健康教育领域，过程性评价是指在体育教学实践中，对学生学习过程中产生的各类信息加以即时、动态的分析与反馈，以揭示、选择、判断并实现有价值教学的活动。过程性是教育的基本属性。体育教育具有显著的过程性，因此在其教学评价中，关注教学结果的同时，更要关注教学过程。在体育课程的教学过程中，学习者会根据学习内容、自身兴趣等因素制订学习目标并选择个性化的知识建构方案，而通过过程性评价可以及时发现并解决教学中存在的问题，充分提高教学效率。

2.过程性评价的内容

评价内容是制定过程性评价方案的关键，评价内容不明确会直接影响到评价的效果。在体育教学中应用过程性评价，其内容应包含学生整个学习过程中的主要因素，可归纳为学习参与度、学习交互性、学习效度和学习延展性四个方面，每个方面可根据具体情况灵活运用定量的评价指标或定性的评价分析。

（1）学习参与度。体育教学过程中，要保证学生的充分参与。学生参与学习的情况是一个重要的评价内容，体现了学生的学习态度。

（2）学习交互性。学习交互性的评价，主要是通过对教师与学生、学生之间的互动，以及学生对课堂上各种教学信息的获取，在体育课学习中的状态、意志表现和合作精神的一种评价。例如：课上回答问题情况、课上课下主动提问和发言的情况、参与课程问卷的频率、阅读学习辅助课程资源的情况、参与小组讨论和合作情况等。

（3）学习效度。这是一种学习效果的评价，体现在学生对学习的感知和收获，对所学内容是否有一定的应用价值。包括学生对课程的适应情况、学生对教师授课内容和辅助资源的满意情况、学习目标的完成情况、理论知识点和运动技能的掌握情况、学生的努力程度和运动技能进步幅度等。

（4）学习延展性。这是以发展的视角对课程学习的评价，主要涉及一些非智力因素，如学生在思想意识、表达能力、沟通能力、协作能力、身体健康状况、职业认同感等方面的改变，对后续课程和相关学科以及课程学习以外活动的帮助，如日常生活、社团活动、实习工作等。

3. 过程性评价的必要性

高校体育课程的评价，应针对该课程的全部内容或者部分环节进行多种形式、全方位的价值判断，但目前普遍采用的结果性评价严重偏离了素质教育的育人导向。体育类课程传统的评价模式至少存在三个方面的问题。第一，评价观念落后。纵观我国各高校体育课程教学评价的实践，因长时间受工业社会重效率技术理性价值取向的影响，评价手段僵化，具有工业化、静态化、唯一化特征。一方面，追求评价的直观性、操作性和效率，使用固定的评价模式评判教学效果；另一方面，过于重视教学结果的有效性，忽视了教学过程的动态化与生成性指标。这种落后的评价观念和评价方式显然与新时代素质教育倡导的全人教育理念不符，它很容易加剧教学方式模式化，在一定程度上遏制教师教学方法的创新，影响学生体育与健康综合素养的提高。第二，评价方法单一。长期以来，在应试教育的影响下，体育课程评价过分强调量化手段的作用，仅将知识测试和技能考核的成绩作为评价学生学习效果的主要指标，从而降低了体育课程评价的信度与效度。用量化方法衡量教学效果是课程评价的基础，但量化评价要为课程教学和学生的发展服务。量化评价严格遵守等第标准，能在一定程度上体现甄选评判的客观性与公平性，但以知识测试和技能考核为主的量化评价较少涉及具体的学习过程，容易扼杀学生学习的主观能动性，不利于课程评价育人导向作用的发挥。第三，评价指标体系缺乏全面性。体育课程的教学评价目前多局限于教材知识的掌握、技术动作的达标、出勤率的高低等内容，对学生的学习兴趣、综合能力、道德情操等重视不足，且考评多由任课教师进行，难以保证评价结果的客观性。

4. 过程性评价的主要方式

行之有效的评价组织形式是评价理念从理论到实践的桥梁，针对体育教学进行过程性评价，可以采用的评价方式包括：

（1）学生自评

目前，学生的个性化学习和发展越来越被重视。当一个阶段的学习结束时，学生按照教师提供的统一评价标准，针对自己学习情况进行自我研判和评价。通过评价，学生能对自己的学习态度、学习行为和效果形成清晰的认知，通过反思还能找到个人的不足，查缺补漏，改进学习方法，进一步明确学习目标和努力方向；也有利于教师更好地了解学生对知识和技能的学习情况、存在不足，便于后期教学的引导和调整。

（2）教师评价

学生自我评价毕竟存在一定的局限性和主观性，所以需要增加教师的评价。教师评价，即教师充分考虑评价内容部分，分别对学生学习的各个环节和学习成果进行定量指标打分和主观定性评价。体育学习中，技能战术的学习需要靠长时间的训练和反复的磨砺积累才能得以提高。所以，教师对学生多次的评价，并提出有针对性和建设性的反馈意见，不仅能帮助学生尽快掌握动作要领和提升技能水平，而且因为评价贯穿教学全过程，不再局限于期末的终结性考核，还能客观且最大限度地反映学生的进步程度和学习成效。

（3）生生互评

体育教师可以在教学过程中进行技术动作展示交流。因此，学生可以以小组为单位分流，在各自的小组内相互打分和评价其他同学对作业的完成情况、技术动作的操作规范情况等，实现共同学习。每组还可以选出优秀作业，让学生自己讲解和回答其他同学的问题。通过生生互评的方式，学生们受到完成任务的驱使，对教学知识点和技术动作的巩固会更加重视，有助于他们提高作业的完成度和质量，还能增强团队合作能力。

5. 促进高校体育课程过程性评价的策略

（1）将结果性评价与过程性评价进行有机结合

高质量的教学，不仅意味着主体智力因素的发展，还意味着其非智力因素的升华；不仅包含着量的变化，还包含着质的提升。体育课程考试能够相对客观地评价学生的学习效果和学习潜力。体育课程考试成绩能在一定程度上反映学生的知识与技能掌握情况及身体机能水平，并通过信息反馈引导学生补齐知识与技能短板。但是，体育课程教学中一些不可量化的因素，如情感、体育道德等是考试无法量化的，所以单纯的结果性评价往往造成教学评价的片面化，无法精确反映课堂实然效果与应然目标的差异。因此，体育课程的教学评价应注重结果性评价与过程性评价相结合，如价值观、自主发展能力、沟通能力等，都要通过过程性评价来衡量。

（2）将个性化评价与制度化评价进行有机结合

良好的体育课程教学氛围的形成，在一定程度上取决于教师教学观念的更新、教学方法的优化、教学素养的提升，以及学生学习兴趣的发掘、学习动机的激发、学习能力的提高等。提高体育课程的教学效果，必须营造一种民主和谐的课堂环境，尊重学生的主观能动性和创新欲望，进而使学生在反馈调整中实现自我认同、逐渐完善自我，因此体育课程的教学评价应充分彰显育人导向与人文关怀的个性化评价。同时，良好的教学氛围离不开客观公正的制度环境。体育课程的教学评价应通过制度保障做到权责明确、严谨公平，使评价过程有监督、结果有公布、问责有保障。个性化评价与制度化评价相辅相成，能使体育课程评价有章可循又不过于死板教条，从而在健全的制度保障下完成立德树人任务。

（3）有效利用大数据与互联网平台

随着在线教育平台在高校体育教学中得到广泛应用，借助大数据等信息技术提高教育评价的科学性、专业性、客观性显得日益重要。在线学习是以互联网为平台进行知识信息的传播与交流，具有丰富的交互方式，且可有效地跟踪和记录学习者的学习行为。借助互联网和大数据进行课程的过程性评价，可以使教师精确快速地掌握学生的学习情况，深入挖掘学习者的隐性学习数据，详细分析其关联性，找出教学的不足与漏洞并及时改进。这种过程性评价能够促进体育评价由宏观走向微观，由群体性评价走向个性化评价，并通过有效的评价反馈机制充分提高教学质量。

（三）表现性评价

1. 内涵及特点

从表现性评价的概念来看，有学者指出表现性评价是在尽量合乎真实的情境中，运用评分规则对学生完成复杂任务的过程表现或结果作出判断。有学者从大规模测试对受测者所提出表现要求的角度来定义表现性评价：在一项结构化的情境任务中，受测者看到提示材料后需要提供信息或者采取行动，任务质量则按照明确的标准来评分，这个标准用来评价最终成果或者评价成果生成过程。其实，表现性评价就像是连接着课堂评价与大规模测试的一个驱动器，维系着课程、教学、评价的共生关系，从而促进学习改进。从表现性评价概念内涵来看，具有以下特点：①情境性，将学生置身于问题情境中，在与各种复杂现实情境的持续互动中解决问题和创生意义，从而发展高阶思维以及综合素养；②构建性，教师设置表现性任务是根据自身对学习内容的理解构建的，学生完成表现性任务需要自身建构反应而不是选择反应，建构反应更能体现学生富有创造性的问题解决能力，而不仅仅是选择答案；③标准化，根据评分规则与标准对学生完成表现性任务的行为过程表现或者学习结果作出具体、清晰的描述，使学生明确评价等级的特征，为学生的学习活动树立目标。

2. 表现性评价在体育教学中的可行性分析

（1）符合体育课程的问题情境创设

表现性评价的情境性特点符合体育课程的问题情境创设，可以在体育问题情境中展开对学生行为过程表现与学习结果的评价，其评价内容除了体育专业知识与技能的掌握程度以及情境问题解决的多种复杂能力，也包括体育课程中学生的外在行为表现与内在心理倾向。

（2）关注学生的学习行为表现

表现性评价的优势不仅可以评价学生"知道什么"和"能做什么"的行为过程表现或学习结果，而且可以体现出学生情感、态度、价值观等非认知因素的表现状态。应用于体育教学中的表现性评价，为此所开发的评分规则与标准主要是针对体育课程的育人效果。但体育课程思政的育人效果很难用一个量化分数去测量评价，所以需多采用质性语言描述学生行为过程表现与学习结果中所展示出的情感、态度、价值观等。通过表现性评价的应用，观察学生在体育课程学习活动中"能做什么"，可以直观评价学生各个学习阶段体育课程中行为表现和思想变化，从而为教师和学生提供教学反馈，进行自我评价、自我调整、自我完善，以便树立下个阶段的学习目标。

（3）促进学生自我成长

表现性评价所创设的问题情境和情境中的表现性任务在很大程度上可以体现出构建者的价值取向，传达出构建者所在社会和文化背景中所倡导的主流价值观。与此同时，学生在完成表现性任务的时候，也需要根据现有的知识、能力、情感、态度、价值观等因素进行综合构建反应，在思维判断、探究过程中展现出自己独特的综合素养。除了自身的构建反应，还在与同学、教师的交流沟通中构建体育课程学习共同体的行为表现与价值取向，自然而然地就完成了从学校课堂"问题情境"转移到真实社会生活中品行的成长性发展。

（四）实效性评价

运动效率和品质如何，这是体育学科教学需要重点追求的目标。教师在实效性评价时，要从学生运动表现、训练态度、成绩进步等角度做出评估。比如速跑训练，学生对速跑比较排斥，因为其挑战性更强，对学生身体力量、耐力、爆发力、反应力都是严峻考验，教师需要做出针对性设计，对学生做出全面的科学的评价和分析。进行 100 米速跑评价时，教师将学生每次训练成绩表现做纵向对比，看其进步幅度，评价学生速跑整体表现。因为要耗费更多体力，对学生身体和意志都是考验，教师不设定成绩要求，而是从精神表现方面做出评价。学生明确了教师的考评原则，自然会做出对应表现，参与运动的主动性大大提升。教师对每一项训练任务都设定了要求和达标指数，给学生提供更多运动参考。

教师从不同角度展开运动评价，体现了评价的过程性、表现性，带有更强的科学性。学生参与体育训练大多凭借兴趣，其意志力成为一定的制约因素，教师在一些项目中强调意志力表现，是比较明智的选择，对学生形成对应激发，能够成功调动学生参与运动训练的主动性，对培养学生坚韧的运动品质也有重要帮助。

第三章　高校体育传统科学化教学模式

本章内容为高校体育传统科学化教学模式，主要从三个方面进行了介绍，分别为高校体育分层教学模式、高校体育游戏教学模式、高校体育俱乐部教学模式。

第一节　高校体育分层教学模式

一、分层教学法

（一）相关概念

1. 传统教学法

是指将年龄与程度相近的学生编成一个群体，使每一个群体有固定的学生和课程，由一名教师按照固定的教学时间表对全群体学生进行同一内容教学的教学制度。在教学过程中教师采用统一的教学进度，对同一的教学内容设置统一的教学目标，最终对学生的学习效果按照统一的考核标准进行测试并以此对学生进行评价的教学模式。传统的体育教学是以教师系统讲授示范知识技术的模式，学生主要以掌握运动技术为主要目标，学生所学习的内容从认知、模仿、掌握到巩固都是在教师的引导下进行的，教师在整个教学过程中控制着教学进度、教学内容、教学方式以及练习手段。此教学法以教师为主体，学生被动接受知识技能，整个教学过程从讲解并示范动作要领、学生模仿到分解练习，教师指导动作连贯练习和巩固练习直到熟练掌握通常采用各类传统式教学法。

2. 分层教学法

所谓分层教学，指的是由于受天生遗传和家庭因素，包括在社会中外部因素的影响，根据不同学生生理、心理、性格等方面的差异，进行针对性的教育。教师以学生学习的基础条件为依据，准确而科学地对不同的学生使用不同的教法，全面考量学生的感知和学习领悟能力，科学地安排课堂教学内容、教学方法、教学手段。教学上有区别地进行，有目的性地对不同层次的学生进行学习引导、测验、评估，让所有学生都能比以前有所提高与改善。体育分层教学是对学生划分不同的层次，确定不一样的学习目标，然后根据学生的不同性格、残疾程度、生理特点的不同等，在使用不同的评估标准的基础上开展体育教学。体育教师在设计的教学环境上要最大程度地与分层教学法相适应，通过对每一个不同的群体学生实施分层教学，让每一个学生的自身特性和体育技能都获得应有的收获和提高。分层教学法最主要的特色是，全面考虑了不同层次学生的差异性，教学时对不同层次学生进行因材施教，强化对不同层次学生的学习指导，从而让不同层次的、不同程度的学生，进行自我的提升和成长。所以在具体的教学组织模式上，一般是以班级教学和个别化教学以及小组教学为主要的组织形式，然后实施分层训练、分层要求、分层评价、循序渐进、分类指导，具体情况具体分析，保证高校体育教学的顺利进行，实现教育的目的。

3. 体育分层教学法

顾名思义，体育分层教学法即是将分层教学法运用到体育教学中。体育教师根据学生在身体素质、运动能力、运动技能、兴趣爱好等方面的差异进行合理分层，对不同层次的学生采用不同的教学手段，即设置不同教学目标、教学方法、评价方法等，最终使每一层次的学生都得到提高，从而促使整体的提高。实施的方法是以班级、小团体、个别教学为主线，以分层要求、分层指导和分层推进为支线完成分层教学。

（二）分层教学法的理论基础

1. 多元智能理论

20世纪80年代，美国教育心理学家霍华德·加德纳首次提出多元智能理论。加德纳指出人具有九种智能，且每个人拥有不同的智能，拥有的智能不是孤立存在的，而是相互影响。每个人都有自己的混合智能，并有自己的独特优势。从这可以得知个体的智能存在差异，各有各的特点。多元智能理论还认为，人的智能水平不受先天性和遗传性所限制，可在后天个体所处的社会环境、教育环境作用下得到发展，因为人的智能水平具有潜能性。

2. 掌握学习理论

20世纪60年代末，美国教育学家B.S.布卢姆最早提出掌握学习理论。其理论为，以集体教学为基础，通过课时反馈，进行个性化教学，帮助学生找到符合自身发展特色的教学目标，最终的目的是使每一名学生都可以完成教学目标。学习前学生具备必要的认知结构是掌握学习理论的前提，提升学生学习积极性是掌握学习理论的内在因素。学生对知识的掌握能力受外部条件影响，对于知识的掌握程度受学生自身因素影响较少。该理论被各国教育界所接受，对分层教学具有重要的意义。

3. 差异教学理论

差异教学的核心思想是将学生的个别差异视为教学的组成要素，教学从学生的不同准备水平、兴趣和学习的方向出发来设计差异化的教学内容、过程与成果，最终促进所有学生在原有水平上得到应有的发展。

差异教学理论是在布鲁姆的目标分类学、加德纳的多元智能理论、课堂教学优化理论的三个理论基础上形成的。在加德纳的教学中，根据多元智能理论，教师应以赞许的眼光看待学生，发现他们的优越智力，弥补他们的不足。同时，在评估中应考虑评估方法应适合每个学生。课堂教学优化理论就是在教学过程中的所有步骤中使教师和学生花费最少的时间和精力来获得最佳的教学效果，使学生得到最佳的发展。

因此在分层教学中把差异教学理论运用到实际教学中，能够使每个学生的水平都能够达到自身较好的一个发展阶段。

4. 因材施教理论

在孔子的因材施教的教育思想中，核心要义就是对不同的人要用不同的教育方法去教育。这种教育思想应该被我们所坚持，这也是把学生培养得更加优秀的好途径。因材施教是在教学活动中从学生的基础情况考虑，教师不仅要面对所有的学生，还要更加统筹兼顾每个学生的个人特性，根据学生的不同基础采取的教学也不相同，这样才能达到让每个学生在以前的基础上得到进步和提高。现实中，不同的学生由于生长条件、心理素质、家庭环境及主观努力等因素的约束，一定年龄阶段学生的各方面发展变化会呈现许多不同的特性。有些学生身体素质较好，也有身体素质差的；有些学生成绩好，也存在成绩不好的；有些学生性格毛躁，有些学生沉稳，表现各不相同。

这种每个人存在的不同差异的情况是教学必须全面考虑的，具体情况具体分析。坚持因材施教，既会让广大的学生符合教学目标的预期，也会培养出色的人才，彰显人的个性。

5. 有效教育理论

有效教育理论，在教育学上有着重要的地位，其理论产生于 20 世纪的西方国家，常出现在英语教育文献中，世界各国的教育学家都对其进行了学习和分析。有效教育理论最重要的核心观点是进行有效的教育，实现有质量的教育，何为有效？即必须在学生身上发挥作用，让学生有着进步和发展，实现教育的目的。也就是说，在教育中，学生要有所进步，在教育中学到有用的知识，并且能为其所用。换而言之，有效的教育关注的重点不是教师的教学计划的完成情况，而是学生的学习情况以及学习成效。"教学"指的是由教师发起、引导或推进学生学习的全部行为。这个思维的必要条件有三个层面，首先就是学生的兴趣，是否引起了学生的积极性；其次就是学生的学习目的是否达到，学生是否实现了教育的目的，教师要告诉学生学习的意义是什么，使学生在学习中知道具体的学习内容和需要掌握到何种程度，这样学生在课堂上表现才会更活跃；最后要考虑学生可以接受理解的方式和方法。所以，有效教育理论其根本目的就是实现教育的质量，实现教育的目的，进行有质量的教学，避免教育的形式主义，是一种符合新时代要求的教育理论。

有效教育的意义是十分重大的，它直接决定着学生的各种潜力能力，对学生学习积极性的提高起着重要作用。其理论不仅可以提高学生在身体运动、技术和心理素质方面的能力，还可以有效提升学生的思考和决策能力，也会进一步帮助学生拥有正确的价值观和人生观。其中影响教育有效性的四个主要的要素：第一，学生的学习兴趣是否能够得到提高和维持；第二，学生是否理解教学的目的以及教育内容是否完全消化；第三，教师是否实现教育目的，是否保证学生掌握全部所学技能；第四，其教学模式是否合理科学。

6. 全面发展教育理论

素质教育是在全面发展教育的思想背景下深化和发展而来的。全面推行素质教育，是教育理论的一次重要革命，是对全面发展理论的升华。我们需要真正落实素质教育：把学习选择权交给学生，充分重视学生的主体地位，鼓励学有余力的学生超前发展，同时促使基础相对较差、学习暂时有困难的学生也能在学习中获得成功，得到发展。我们的改革绝不仅仅只顾及学生眼前的小发展，而要着眼于学生未来的可持续发展。分层教学紧紧围绕"为了一切学生，一切为了学生"原则，打破"一刀切"模式，践行了全面发展教育理论。

7. 教学过程优化理论

教学过程优化理论是苏联教育家巴班斯基在 20 世纪 70 年代初提出的一种教

学理论。该理论在提高教学质量与效益、提高教学研究水平等方面具有重大意义。教学过程最优化理论是在系统控制论的基础上，揭示出教学的规律性，提出新的教学原则体系，形成了对教学方法和教学形式的一些新提法。

教学形式最优化理论强调：①根据学生的具体情况，最合理的搭配各种教学形式如全班、小组和个人教学；②差异化教学不应区分教学的重点内容，而应有区别地帮助，以便所有的学生能达到统一的教学大纲规定的要求；③差异化教学的对象应包括水平较差学生，也应有优秀的学生。

体育教学中教学过程的优化，是指在整个教学的每个步骤包括教学中教学目标、教学内容、教学方法等方面都要使教师和学生花最少的时间和精力获得最佳的教学效果。只有教学过程中这几个步骤都能在规定的标准之内，使每个要素都得到优化，才能够使每个不同层次的学生得到最佳的发展。

（三）分层教学的发展

1. 国外分层教学的发展

分层教学法经历的是一个"从兴起到衰落再到繁荣的马鞍形发展过程"，国外分层教学历史发展大概分为四个时期。第一个时期：分层教学的雏形初步产生，由于二次工业革命的巨大发展，原本班级授课制不能满足个体发展，英美教育家提出许多分层教学的具体方案来解决原有班级授课制存在的不足，美国教育家哈里斯创建的"活动分团制"也叫作"弹性进度制"是这个时期的代表之一。这个时期分层教学的特点是按学生的年龄进行分层，将班级原有婴幼儿和青少年分离出去，便于学校管理。授课的内容为简单课程内容，将代数学和"高深的知识"从文法学校中取消。这个时期分层教学的优点是：初步解决原有班级授课制不能满足个体发展的弊端。缺点：按学生的年龄进行分层，自然就出现将课程与学生的能力相匹配的现象，年级代表能力水平，课程的掌握决定学生的去向，造成了大量学生留级和退学。第二个时期：分层教学的初步发展，随着美国由农业化国家转向工业化国家对人才需求的增加，以及英国执行标准系统也急需改善，教育学家认为原有授课制不能满足个性化和国家发展的需求，坚持对原有班级授课制进行改动，分层教学得到重视，从而促进其发展。这个时期分层教学的特点是按学生的能力、智力、学习状况进行分层，每一个年级都分为 A、B、C 三个层次。三个层次授课的每门基础课程知识一致，但课程内容 A 层最难、B 层次之、C 层最为简单。这个时期分层教学的优点是打破原有年龄分层标准的限制，对分层标准进一步的细化。缺点是按学生的能力进行分层，容易致使 C 层次学生产生自卑厌学现象。第三个时期：分层教学的衰落和沉寂，受经济危机和战争的双重影响，各国忽视了教育的发展。且随着分层教学的深入，部分学者认为区别对待不同层次学生会加剧民族间的不平等。多重因素导致分层教育的衰落和沉寂。第四个时期：分层教学的恢复和繁荣，随着战争的结束和经济的恢复，各国又加强对教育的重视程度。战后各国奉行"优质教育"政策，恢复对分层教育的重视程度。多年来教育学家分层教学的观点百家争鸣、百花齐放，分层教学理论得到进一步完善和发展。这个时期分层教学的特点是分层标准多样化，出现了以学科分层等多种新形式，分层标准进一步科学化。

2. 国内分层教学的发展

国内分层教学思想渊源的产生早于国外，但对此的实践研究要晚于国外。对于国内分层教学的发展前人研究很多，综合前人对于国内分层教育发展的研究，大致将国内分层教学历史发展历程分为三个时期。第一个时期：分层教学产生的思想渊源（春秋至清初），春秋孔子的"因材施教"、唐韩愈的"各得其宜"、明王守仁的"随人分限所及"、清王夫之"因人而进"等思想都包含分层教学的思想理念。这个时期分层教学是一种思想理念，虽意识到个人的差异，但因受封建社会教育资源匮乏等因素，在教学实践过程中很少运用。第二个时期：中华人民共和国成立前的分层教学的发展历程（清末至1949年），民国时期提出以学生成绩分层，即按学生成绩分为三层合并教学，对低层次学生加以辅导。后期陆续发展以学生居住地、亲疏关系、兴趣爱好等进行弹性编制分组教学。这个时期分层教学由理念转化为实践活动，分层教学得到初步的发展，但由于复杂的社会背景，分层教学无法得到大力发展，推行的范围以及实施效果都较小。第三个时期：中华人民共和国成立后的分层教学的发展历程（1949年以后），20年代70年代提出按学生能力进行分层教学。20年代80年代末，新一轮分层教学实验在上海拉开帷幕，上海飞虹中学提出动态分层教学理念。20年代90年代后期，参与分层教学实验的地区越来越多，陆续提出走班制教学和小班化分层教学理念。这一时期总体上分层教育得到大力发展，但发展过程曲折，是一个不断完善的过程。从单一的成绩及能力的分层，到综合考虑多方面分层。虽有显著的提高，但是仍有多方面需要完善。

（四）分层教学法的特点

1. 充分发挥学生主观能动性

传统教学形式中作为被动接受者的学生，在分层教学法中成为教学主体，而在传统教育模式中作为施教者的教师，则在分层教学法模式中发挥主导作用。采用分层式教学法，是在学生对体育课学习产生兴趣、提高学习的自觉性和积极性的同时，对于在学习中所碰到的各种困难，能够正确地对待，主动地克服，这将有助于培养学生吃苦耐劳的意志、坚韧不拔的毅力和顽强拼搏的精神。同时在学习中的相互探讨、共同练习、相互评价等活动，可促进良好的人际关系，这对学生的个性发展和综合素质的提高是大有裨益的。将分层教学法应用于高校体育教学中，教师在教学中起到主导作用，了解学生层次，熟悉学生差异，进而根据学生的不同水平，因材施教，在教学目标、教学内容设置上，因人而异、量体裁衣，有针对性地组织不同层次学生进行相应的教学活动，激发不同层次学生的学习兴趣。

2. 提升了教师的综合能力

在实施分层教学之前要确保教师对学生基本情况做到充分的了解，进而能够科学合理地安排教学内容。这就要求教师应当具备较强的专业素质与责任心，比之前付出更多的时间与精力研究学生。在分层教学的过程中对教师组织管理能力的要求也很高，原本统一授课的班集体被分为若干小组，教师在保障各层次学生有条不紊练习的同时还应做到统筹兼顾、分层指导。确保各层次学生都能得到关怀与帮助，这些新的挑战促进了教师综合能力的发展。

3. 充分体现因材施教

分层教学法打破了以往教师主导的讲授式教学现状，其"以人为本，因材施教"的教学原则和要求使得不同水平的学生都能获得相对公平的教学资源。不仅保证了课堂组织形式规范、合理、有序，又能提高教学质量，符合现阶段提出的教学改革的要求，还能促进教师自身教学水平的不断加强。分层教学相较于以往的教学方法，对教师资源、教学环境和条件并没有过多的要求。分层模式的管理、教学和评价体系使体育课堂教学真正做到面向全体学生，满足学生的不同需求，使学生从各自的基础出发，进行有效的成功的学习，充分体现因材施教的教学原则；培养学生对体育学习的兴趣，增强学生提高体育技能的信心，从而能够积极地提高教学质量，推动素质教育的实施。由于生长环境和学习环境各不相同，每个学生在身体素质、基础知识技能等方面或多或少都存在着差异，他们掌握知识的能力也不相同，如果对所有学生都进行统一要求，可能导致一些基础差的同学接受不了一节课的学习内容，下堂课面对新的学习内容时表现得更为吃力，学习压力与日俱增并逐渐失去学习兴趣。对于基础较好的学生来说，他们的学习需求超越了教学内容安排，每节课反复练习自己已经掌握的内容不利于学生向更高层次的发展，浪费了学习时间。分层教学冲破了传统教学中对学生"一刀切"的束缚，针对各个层次学生的特点为他们设计相应的教学目标和练习方法，使处于不同水平阶段的学生都可以得到最大的发展。

（五）分层教学的原则

1. 区别对待原则

采用区别对待原则进行教学，就是根据学员的个人特点，有针对性地制定教学目标，选择教学方法和手段，用合理的评价方式评价学员。在教学过程中由于学员间存在着思维、体态、认知水平、基础水平、个性特点、文化教育背景等各方面的差异，所以要在教学中采用分层教学区别对待的原则。

2. 个体差异原则

个体差异是学习共性中客观存在的特性，因而需要对教学模式、教学设计与教学内容有所调整，使每个学生可以更好地开发自己的潜能。在体育教学中，运用分层教学法，根据每个练习者的个体差异进行分层教学，指定不同层级的练习者学习不同的教学内容和教学目标。层级不同的练习者还可以相互交流，实现交互式活动学习，团体成员发挥各自优势，实现协同学习，有针对性地倡导组内之间相互学习，组外带动学习。虽然分层的整体教学难度设置不同，优势学员不会觉得简单，弱势学员不会觉得太难，但对于每个层级的练习者来说，最后的学习成果是一样的。

3. 全面统筹原则

分层教学法，贯彻了全面统筹的教学原则，在传统教学中，教练和教师注重成绩优异的极个别少数的学生，对于中等和稍弱的学生采取一般的态度。这就使得中等和稍弱学生的积极性并不高，分层教学法分层模式的构建就是针对中等和稍弱的学生，让他们也能热爱运动，共同进步，是一种使成绩明显提升的教学方法。通过设置不同的教学任务，注重过程中的教学，考核标准按照进步的程度考核，充分调动学生考核积极性，全面统筹，不抛弃、不放弃每一个学生，让每一个学生都有所收获，让他们感受到运动的快乐，从而提高成绩水平。

4. 动机激励原则

动机激励原则是指通过多种方法和途径，激励学员的教学动机和教学行为的原则。分层教学法中的动机激励是指学生在不同分层中，意识到自己的问题，并通过勤奋刻苦的教学予以弥补，发掘学生内心强烈的不服输、不认输的上进渴望，使学生愿意向高层次锐意进取。

5. 主体性原则

师生之间的主客体关系是客观存在的，但却是复杂的，讲授的时候教师是主体，在练习的时候学生则是主体，分层教学中教师应该发挥自己教的主体性，科学合理地运用各种教学方法，加强课堂的组织与管理，为学生创造良好的教学环境，同时教师也应该认识到学生的主体地位，所有的教学手段都是为了让他们更好地掌握知识技能，教师针对各个层次学生特点制定出不同的教学计划，适当减少口述内容，加强对学生自学自练能力的培养，提倡学生间的合作与帮助，提高学生的课堂参与度进而彻底摆脱被动学习的局面。

6. 动态性原则

在教学过程中每个层次的学生人数并不是不变的，教师要根据学生的实际水平、学习态度等方面客观评价学生的进步与退步，用发展的眼光来看待每一位学生，做到及时评价并调整分组。对于低层次中进步很大且达到高层次学习要求的学生可以进入高层次组别中，而对于高层次中态度消极或有明显退步的学生则进入低层次组别中。这样做能巧妙地利用学生争强好胜心理达到鲶鱼效应，使他们具有竞争意识，不断地超越自我做到更好。

7. 公平性原则

针对不同层次学生的差异，教师需要做到区别对待，有些学生总是会赢得教师的喜爱，他们或因成绩优异或是性格等方面得到教师的欣赏。但是每一位学生都是平等的，教师不能因为个人情感因素来评价学生，他们都有自己的才能，只是在表现的方面不同，教师理应做到一视同仁、不偏袒，公平对待班级里的每一位学生。

二、体育教学与分层教学法

（一）分层教学法的教学流程

1. 学生编组

对学生编组是实施分层教学的基础，为了加强教学的针对性，根据学生的知识基础、思维水平及心理因素，在调查分析的基础上将学生分成 A、B、C 三层，A 层是按大纲基本要求并且自身素质水平较高的学生；B 层是按照基本要求并且自身素质水平一般的学生；C 层是按照基本要求并且自身素质稍低的学生。但是学生的分组并不是一成不变的，而是根据学生的学习情况进行及时的调整。

2. 分层备课

分层备课是实施分层教学的前提条件，教师要在理解教学基本大纲和教材的基础上，设定不同层次的教学目标，区别掌握哪些是基本要求，哪些是所有学生应掌握的，哪些是较高的要求，哪些是较低的要求，然后设计出分层教学的整个过程。要注意的是，应特别关注如何解决学习困难学生的障碍以及挖掘特长学生潜能。

3. 分层授课

分层授课是实施分层教学的最重要环节也是中心环节，教师需要根据学生的层次划分准确地把握好授课的初始点，处理好知识链条的整个衔接过程；整个教学过程需要遵循"学生为主体，教师为主导，训练为主线，能力为目标"的教学宗旨，使所有学生都能学有所成，学有所获。

4. 分类指导

分类指导是实施分层教学的关键环节，教师在教学的过程中对不同层次要求的学生进行不同方式的指导与帮助，需要做到因人而异，遵循"因材施教"的教学原则。除此之外，还需要进行一些必要的辅助手段，加强对各层次学生的指导与帮助，更有利于学生由低层次向高层次的转化，使学生变得更加的自信，对学习更加的有兴趣，进而达到学生身心全面发展的目标。

（二）分层教学法在体育教学中的优势

符合从实际出发和因材施教的教学原则。每个学生的身体形态、身体素质以及心理和生理素质等各个方面都有着大大小小的区别，单一的教学目标和教学模式难以满足所有学生的需要。唯有进行区别对待教学，才能使不同水平的学生都能够学有所得，并发挥自己的优势。

有利于调动学生的学习积极性。在一个班集体中，统一的教学目标对于学习能力稍差点的学生来说可能过高，对于优秀的学生来说可能又过低，这两种情况都容易使学生的学习积极性受到打击。只有根据学生的不同层次提出适宜他们的学习目标才具有激励性。

体现教育的公平性。每一个学生都享有着接受教育的权利，更应该有接受平等教育的权利。分层教学是一个过程教学模式，分层教学法能够使每一个学生根据自己的学习能力水平达到不同进度的预定的学习目标，而不是让学生从开始学习时就产生对无法完成目标的恐惧，结果导致学生被动地放弃接受教育的机会，失去对自身学习的信心从而变得不思进取。

（三）分层教学法在体育教学中的缺陷

在体育教学过程中分层教学法依然存在着大大小小的缺陷：分层教学的教学模式在无形中给体育教师增添了许多工作量，教师在制定教学计划上需要投入大量精力，为完成教学任务做准备；分层教学如果处理不当，会使不同能力水平的学生产生或骄傲或自卑的不良心理反应，有些严重的甚至会影响到学生的身心健康；分层教学对班级人数与场地设施的要求较高；教师在分层指导阶段如果对学生的情况没有及时地了解清楚会出现断层的现象，达不到应有的教学效果。因此分层教学法在教学过程中仍然需要不断去完善和改进。

三、分层教学法在高校体育教学中的应用

（一）分组教学

1.按照体能水平进行分组

以体能水平进行分组，可以将一个班级的学生分成4到6个小组，或根据实际情况进行适当调整，这样的分组能在很大程度上缩小个体之间的体能差距。在此基础上，不同的体能小组采取相对应的体育训练。例如，在进行800米测试的时候，体能差的学生小组的目标可以稍稍降低，而体能较好的学生小组的目标则可以适当拔高，这样设置可以使不同程度的学生自身体能水平都能获得相应提升，提升体能差的学生的体育信心，同时调动体能好的学生的体育学习积极性。当然，教师也可以对不同体能的学生进行不同项目的训练，如让较胖的学生做一些减脂有氧运动，让较瘦的学生进行增肌训练。另外还应注意，对于运动天赋不佳的学生，教师可以适当放缓其达成目标的进度，而对于运动天赋较高的学生，则可以适当加快其达成目标的进度。如此分组教育，不仅可以照顾到不同学生的体能情况，还可以满足不同学生的体能训练需求。

2.按照体育兴趣进行分组

按照体育兴趣进行分组，是现代高校体育教学中较为普遍的一种分组形式。相比于体能训练划分的难度，兴趣的划分就简单很多，主要依据学生对体育项目的兴趣进行大致划分。例如，喜欢乒乓球的学生划分到乒乓球兴趣小组，喜欢篮球的划分到篮球兴趣小组，等等。这样的分组形式给了学生很大的自主性，学生可以自由选择进入哪个小组，同时也将教师的专业性发挥到了极致，擅长专科项目的体育教师可以教授对该项目有一定兴趣基础的学生，这样教学过程也会更加顺利。

（二）合作教学

分层教学与合作教学相结合，能够最大限度地发挥学生的主观能动性，促使学生全身心投入体育学习和训练中。这里所说的合作教学是在分层教学的基础上进行的相互合作。比如，在一个篮球兴趣班级的教学中，教师可以将基础好的学生和基础较差的学生相互搭配划分到同一个小组，然后组织综合实力相当的不同小组进行趣味训练或者友谊比赛，利用以强带弱的方式，促进学生共同成长，激发基础好的学生的成就感，同时提高基础差的学生的积极性和自信心。

分层教学法符合学生的兴趣爱好，也符合国家和学校选拔培养人才的策略，总体来说，这种教学方法在高校体育教学中的应用是利大于弊的，而且其缺点和不足也会随着其应用的广泛性和社会的发展不断获得改进。

（三）小班化教学

在分层教学模式中会出现需要不断分层的情况，分层越细致，对学生的个性化教学越明显，但相应地对于教师群体的需求也就越大。此外，在根据兴趣分组的情况中，同一个兴趣班的学生也会出现体能不同和天赋不同的情况，这就需要教师依据这些情况进一步分组，直到小组所有学生基本处于同一水平，只有这样，分层教学才能真正发挥功效。在这样的情况下，小班化教学，其实就是在分层的前提下不断细化分层结果。同时，从高校师资力量来看，小班化教学也是保障分层教学有效实施的一条重要渠道，因为其不仅能使教师照顾到每一位学生的情况，而且管理起来也相对容易。

（四）分层教学公平评分

相对于传统的体育教学，分层教学有更加科学和公平的评分系统。传统体育的评分主要是百分制，体育教师依据最后的体能测试成绩和平时的观察给学生打分。但是这样的打分机制科学性不足，且带有较强的主观性。而分层教学评分体系则包含了体能检测、平时成绩，以及选修项目的成绩，再加上笔试测验等，是这些成绩的综合评分。开展分层教学之前，教师还需要对学生进行全面细致的调查和了解，这就增加了评价的公正程度。总之，体育教师精准的帮助，再加上学生自己兴趣的引领，可以强化分层教学法在高校体育教学中的应用成效。

第二节　高校体育游戏教学模式

一、体育游戏概述

（一）相关概念

1. 游戏

在《辞海》中，游戏是体育的重要手段之一，文化娱乐的一种。随着社会发展和不断进步，游戏领域专家学者从多种角度切入，观察、描述，对游戏进行研究，关于"游戏"的概念，众位学者各抒己见，目前还没有一个准确的定论，但每一个定义对游戏本质的叙述都大致相同。

国外学者从游戏与人类生存关系、人类认知关系、人类感觉因素、人类情感因素和人类社会适应因素等角度对游戏进行相关概念界定，有学者认为，游戏是一切动物和人在生活中为了活动需要而产生的有意识的模拟活动。有学者把游戏定义为劳动后的消遣娱乐，可以看成是一种无任何目的的活动。有学者把游戏当作是享受快乐的同时学会本领的活动。也有学者从文化角度认为游戏可以是在约定好的时间、空间里所进行的任何活动。

我国学者对游戏的研究在继承了传统文化思想的基础上加以修正，其中，《现代汉语词典》将游戏解释为："娱乐活动，玩耍。""游"的本义是"人或动物在水中行动"，具有自由自在、无拘无束之意。姚维国定义游戏为竞技和教育的起源，游戏以开心的形式改变动作，是一项特别的生活活动。于振峰将游戏定义为人在遵守规则情况下开展的娱乐活动。

综上所述，游戏是在某种条件的约束之下人类自发进行的具有娱乐性的特殊活动。

2. 体育游戏

体育游戏是游戏不断发展和进步所演化出来的分支，在游戏中占有重要地位。体育游戏涵盖游戏的特点，并且能够与身体活动相互结合，可以是体育课堂的教学内容，也可以是体育教师运用的一种教学方法。有学者认为，体育游戏是体育活动的手段，也是体育教学的重要组成部分，对加强身体素质、提高运动表现能力、掌握知识技能起到促进的作用。有学者认为，体育游戏是以运动为基础，并根据学校教育的目标与要求，综合人的基本活动能力标准，设计有故事情节并有竞赛规则的游戏。有学者将体育游戏定义为将运动技术当作内容，将游戏活动当作主要形式，把体质提升、身心娱乐当作主要准则的体育运动。综合所述，将体育游戏定义为：以体育运动为基本形式，具有规则和行为要求，达到健身和教育目的的游戏。

（二）体育游戏的特点

通常情况下，多数体育游戏都是一种集体性的活动，这对提高学生参与度和体验感有着重要意义，这种教学方法还可以有效改善传统课堂中枯燥的学习氛围，使学生可以主动参与到体育教学活动中。

1. 趣味性

因为爱玩是学生的天性，所以将体育游戏融入高校体育教学中，可以迎合学生的天性和身体特点，符合学生的身心发展规律，使其在体育学习中更加主动和认真，这对提高课堂教学质量非常重要。在体育游戏中开展教学活动，学生的身心会得到极大的放松，有助于教学目标的更快达成，这对提高高校学生身体素质和体育技能都有很大帮助。

2. 竞争性

多数体育游戏有着一定的竞争性特点，这种竞争不仅表现在智力上，也会表现在体能和身体协调能力上。因此多数学生在体育游戏中都可以慢慢养成一定的竞争意识，这对提高学生自身综合能力有着积极作用，能够使其主动参与到体育教学活动中。

3. 可操作性

体育游戏对场地和器材有着较高的要求和标准，良好的场地和器材不仅可以提高课堂教学质量，还可以在较短的时间内提高学生身体素质，使教师可以根据学生身体情况制定合适的游戏教学方案。另外，游戏活动的种类和内容非常丰富，基本都是根据学生的身体情况制定出的游戏活动，有助于学生更好地掌握和接受相关内容，所以其具有较强的操作性。

（三）体育游戏起源与发展

游戏产生于原始时代，由于当时生产能力不足，在生产劳动上投入的时间更多，几乎没有游戏的存在，但是因为古人想将生活中所积累到的生活经验技能传给下一代，致使这种教育形式自然产生，孩子们喜欢游戏，所以在教育过程中大人会将游戏作为教育手段。原始时代的身体活动都围绕游戏开展，日常生活中有捕鱼，战斗时的弓箭等，这些就是体育游戏的起始阶段。

体育游戏是生产活动的产物，是游戏在发展进步过程中衍生出的一种体育运动形式。体育游戏在清朝学校体育中就已经出现，《奏定学堂章程》中写到学堂教学中应设立体操课，运用体操类游戏来促进儿童身体发育。清廷学部授课内容丰富多样，科目广泛，在体操和游戏方面更为重视。在清末民初的校园体育中，学校运动会出现体育游戏项目，并且深受欢迎，以上便是体育游戏在我国发展的早期现状。

随着社会生产力的提高和人民生活水平的增长，体育游戏的必要性也越来越大。以保证生活需要为基本要求，在身心快乐的基础上达到身心发展的目的。美国心理学家马斯洛提出了层次需求理论认为人的需求顺序是生理需求、安全需求、社交需求、尊重需求、自我实现需求，在完成低需求的同时就会求得高需求。随着社会的发展，在这个过程中，体育游戏变成两种形式，体育教师在教学中，将体育游戏作为主要的教学手段，目的是加强学生对体育课的喜欢，让学生在愉快的气氛中积极参与体育锻炼。竞技体育便是竞赛性体育游戏，竞技体育是在游戏基础上添加规则要求，具有分明的奖励制度，参与过程的难度系数较高，参与人竞争意识不断增强，通过大众参与得到社会的认可。

（四）体育游戏特点及功能

体育游戏的特点包括：趣味性、竞争性、多样性、规则性、健身性、教育性。体育游戏的趣味性可以提高学生参与度，提升学生对体育课的兴趣；体育游戏的竞争性，可以让学生在比赛过程中实现自我的价值；体育游戏中负荷量可控，游戏的方法多种多样、灵活多变，易于开展；体育游戏开展中要在规则内进行，要求学生在参与过程中不断思考、判断、自行决策，灵活地寻求取胜的方法，把握取胜的机会；体育游戏可以提升身体健康水平；体育游戏要求参与的学生克服身心困难，促进了学生意志品质的养成。

在体育游戏的开展及组织过程中，提高学生的组织性和纪律性；体育游戏不仅可以让学生身心愉悦，使学生积极性提高的同时改变了学生的参与情绪；体育游戏在创新问题上也需要提升，有利于培养教师与学生的创编能力。总结体育游戏的功能主要有五方面：①关于准备功能和热身功能；②关于增强身体素质功能；③掌握运动知识技能；④缓解放松身心功能；⑤培养思想品德和意志品质的形成。

二、体育游戏教学

（一）优势

体育游戏在体育教学中具有十分重要的意义，不仅可以激发学生的学习兴趣，同时对提高课堂教学质量也有着很大的帮助，可以使教师在教学中可以应用更为丰富的教学方法开展体育教学，从而全面提高学生体育综合素养。现阶段的学生在成长的过程中曾接受过各种体育游戏活动，而且多数体育游戏都与学生的日常生活存在紧密的联系，学生在游戏中掌握很多体育知识和运动技巧，也可以具备较强的身体素质。

（二）意义

在体育教学中应用体育游戏开展教学活动，不但可以激发学生参与活动的热情，同时还可以让学生认识到学习体育的重要性，促使学生在日常学习中主动配合教师工作。另外，体育游戏拥有丰富的教学内容和形式，使得学生在体育教学中不会感到枯燥乏味，这对提高课堂教学质量有着积极作用。

三、体育游戏在高校体育教学中的应用原则

高校体育教学应用体育游戏时，应遵循一定原则。

（一）趣味性原则

体育游戏的应用主要为活跃教学气氛，调动学生兴趣，因此在应用体育游戏时，需为学生营造趣味性环境，满足学生对体育游戏的需求，使学生能够在体育游戏期间感受到体育知识及技能的乐趣。

（二）教育性原则

引入体育游戏的主要目的在于提升体育教学质量，因此体育游戏不可单纯为娱乐性活动，需与体育教学内容相适应，使学生能够在体育游戏中理解体育知识，练习体育技能，同时提升身体素质，因此在设计体育游戏时，需突出体育游戏教育性原则。

（三）公平性原则

部分体育游戏需以竞技性方式进行，为突显体育活动公平性原则，维持和谐游戏氛围，体育游戏需满足公平性原则，确保体育游戏可在高校体育课堂中顺利推进。

（四）安全性原则

体育游戏必须以安全性为第一原则，在进行投掷类、对抗性游戏时，应带领学生做好热身准备及安全措施，选择适宜体育用具，于体育游戏开展前注意强调安全事项，同时在体育游戏进行期间，应注意规范学生动作，避免因动作错误而引发安全事故。

四、体育游戏在高校体育教学中的应用价值

（一）促进了教学结构的优化

在以往的体育教学中，多数教师在教学活动开始前都会根据实际教学内容采取讲解和示范的教学方法，这种教学方法虽然在一定程度上可以提高学生体育技能和素养，但是会使整个教学过程变得枯燥乏味，不利于学生思维能力的发育和体育技能的提升。如果教师可以将游戏教学融入高校体育教学中，就可以有效打破传统枯燥无味的课堂教学模式。

（二）与学生心理发育特点相符

在开展游戏教学时，教师所设计的游戏必须要符合学生的身体和心理需求，这样才能促使更多的学生参与到体育教学活动中。传统的课堂教学模式不但无法提高课堂教学质量，还会抑制学生的个性化发展，使所有学生只能千篇一律地学习相关知识和内容，不利于学生的日后发展。由此可以看出游戏教学在高校体育教学中具有非常重要的地位。

（三）提高了学生综合能力

将游戏融入高校体育教学中，可以有效提高学生的综合素养，因为学生在游戏的过程中不仅会用到四肢，其头脑也在不断地运作和思考，这对促进其头脑发育具有重要意义。另外，学生在游戏的过程中也会主动与他人进行沟通和交流并积极展开合作与互动，对提高学生表达能力和交际能力来说有着一定的促进作用，一旦学生在合作中完成了相关学习任务，就会在内心深处形成较强的集体荣誉感，这对其日后学习和发展有着很大的作用。

五、体育游戏在高校体育教学中的具体应用

（一）在热身准备中的应用

体育游戏在热身准备期间的应用主要为快速组织学生，使学生进入体育技能学习状态，并活跃身体机能，此时教师可选择反向动作等游戏，使学生集中注意力，在此基础上进行热身，活跃大脑。传统性热身准备活动主要为拉伸等肢体运动，该过程较为枯燥，无法调动学生兴趣，但在体育游戏应用时，需转变传统热身活动思维，设计趣味性游戏，使学生在体育游戏期间完成热身准备。例如，将慢跑作为热身活动时，可引入"拉网捕鱼""听数抱团"等体育游戏代替传统慢跑活动，使学生在课前热身准备期间感受到体育游戏的趣味性。体育教学期间将进行各类技能训练，为避免学生在训练期间受伤，需于热身准备期间做好关节、肌肉活动，而该类活动热身需根据课程训练项目进行设计，使学生身体机能做好训练准备。例如，在短跑课程训练前，可引用"穿梭跑""圆形曲线跑"等体育游戏，用以提升学生奔跑能力，在此类专项准备游戏中，使学生快速进入短跑训练状态。

（二）技能教学中的应用

学生作为高校体育课程主题，体育教学活动应以学生为本，在体育技能教学中，由教师给予学生适当指导，以此达成体育教育目标，并使学生在教师指导下规范化进行体育练习。传统化体育技能教学形式单一且内容枯燥，无法调动学生兴趣，此时可引入体育游戏，活跃体育课堂氛围，在体育游戏带动下激发课堂活力，增强趣味性及娱乐性，独特有趣的体育游戏可增强学生对体育技能的印象，可大大提高训练效果。以高校足球技能练习为例，教师可引入"模仿追逃""斗鸡""推人出圈"等体育游戏，通过此类游戏锻炼学生腿部力量、假动作能力、急转急停能力等，同时还可提升学生对抗及协作能力，使学生在体育游戏中熟练掌握体育技能。再以羽毛球技巧训练为例，可引入"追羽毛球加速跑""羽毛球掷远""羽毛球投准"等体育游戏，在"加速跑"中锻炼学生奔跑能力，"羽毛球掷远"及"羽毛球投准"需学生用球拍进行，可锻炼学生力度控制能力、身体协调性等。现阶段高校所开展的篮球、排球、足球等活动均可应用体育游戏完成技能训练教学，增强体育教学灵活性，并推动高校体育教学创新改革进程。

（三）整理活动中的应用

体育课程教学需运用各类运动用具，其中运动用具以球类为主，完成体育技

能训练后，需及时将运动用具归类收整，为确保体育游戏贯彻体育课堂始终，教师可依托于运动用具整理活动组织体育游戏。教师根据所应用的运动用具设计关卡，学生需以小组为单位，依次完成游戏关卡后方可"通关成功"，将体育用具放回指定位置。以篮球为例，学生依次进行原地运球与行进间运球，考查学生运球基本功，另一学生需准确规范地采用侧面抢球、迎面抢球技巧，将篮球从运球同学手中抢球成功，学生抢球成功后三步上篮，此时第三名学生需接住篮球，采用投球技能将篮球投至指定位置，在该体育游戏关卡中，充分考察了学生篮球技能熟练程度，并使体育游戏与体育用具整理活动良好衔接，实现了体育游戏在整理活动中的实践应用。

六、体育游戏在高校体育教学中的应用策略

（一）教师方面

1.加强体育游戏知识学习

要想在高校体育教学中合理地运用和发展体育游戏，就需要转变教师的原有观念，强化体育游戏知识储备，提升体育游戏运用能力。面对身心发展相对成熟的大学生，他们对外界新鲜事物敏感，学习能力较强。因此，大学体育教师要运用体育游戏完成教学内容，教会大学生体育技能和顽强的意志品质。为此，体育教师要不断加强自己知识储备量，提高对体育游戏学习的热情，将体育游戏合理运用到大学体育教学中。

2.优化体育游戏组织方式

体育教师对教学组织方式的选择会影响体育游戏的课堂运用效果，体育教师是体育游戏的组织者，大学生是体育游戏的体验者，体育教师要非常了解学生，及时找出学生喜欢的组织形式，带动学生积极开展体育游戏，让师生在体育游戏中共同学习交流，心情愉悦地完成教学内容。

3.加强对体育游戏的评价

体育教师要在运用体育游戏后对学生反馈信息进行评价，有利于提高体育教师教学水平，提升大学生对体育课堂参与的主观能动性。体育游戏运用结束后体育教师针对不同的学生表现及时发表评价，要做到因人而异，因材施教。避免由于学生不能及时收到体育教师对体育游戏的评价，学生的课内表现得不到认可。增加体育教师对体育游戏的评价频率，每节体育课运用体育游戏后都及时作出评价，并对体育游戏教学内容进行调整，针对不同性别的学生设计有针对性的教学

内容，提升大学生在大学体育教学中体育游戏的参与度。

4. 增加体育游戏储备数量

体育教师要主动参加体育游戏培训，搜集体育游戏相关资料，提高体育游戏知识水平。体育教师可以在网络上学习先进的体育游戏方式方法，打造高效体育课堂，加深体育游戏内涵的学习。体育教师要经常和同事之间相互学习，共同进步，增加体育游戏储备数量。

5. 提升体育游戏科研水平

教师要在完善体育游戏运用形式的基础上，提高体育游戏创编频率，丰富体育游戏学习内涵，体育游戏要及时更新，要求体育教师要结合实际情况编排出符合高校大学生身心发展的体育游戏。

体育教师是科学知识的传递者，也是体育课程的组织者，将体育知识传授给学生，教会体育知识的同时掌握运动技能，现如今主流先进知识都是学者通过不断学习探究而得。因此，体育教师要不断提升体育游戏科研水平，不断提升体育游戏的价值。

（二）教学方面

1. 体育游戏要尊重学生意愿

在体育教学活动中，学生处于课堂主体地位，体育游戏的服务对象为高校学生，所以体育游戏的设计与选择需尊重学生意愿，以学生为中心，制定符合体育教学情况的体育游戏教学计划。不同体育游戏的使用场景存在差异，在实际应用期间，需根据教学内容及体育项目选择适宜的游戏类型，在特定类型基础上设计不同游戏，具体开展的游戏需交由学生选择，教师按特定训练目标提供多种游戏，如上述锻炼腿部力量，教师提出"模仿追逃""斗鸡""推人出圈"等体育游戏，由学生自主选择具体开展内容，根据学生喜好最终选定体育游戏计划。除此之外，为拉近学生与教师间距离，教师需注意观察体育游戏开展情况，适当参与其中，与学生共同参与体育游戏，体育游戏结束后，教师可主动询问学生体育游戏体验，走进学生群体，听取学生对体育游戏的建议，并可根据实际情况将学生观点设计在体育游戏中，给予学生被重视感，突出学生教学主体地位。当代高校学生思维活跃，对于新鲜事物的接受能力强，在设计或选择体育游戏时，教师可将体育游戏设计相关工作交由学生负责，要求其根据训练目标自主设计体育游戏项目，不仅能使体育游戏符合学生意愿，还可锻炼学生组织策划能力，教育效果良好。

2. 合理有效运用小组合作竞技

高校体育教学中的体育游戏多以实际训练及教育任务为依据，选择多种体育游戏类型，考虑到学生综合成长要求，教师须混合应用团队性、竞技性体育游戏，在团队性体育游戏中，学生可直观性感受体育精神，培养团队协作意识，例如：采用接力赛等方式开展体育游戏，各小组需在协调配合下完成体育游戏内容，接力赛在田径训练中最为适用，为锻炼学生综合能力，教师还可在跑道中设计各类小关卡，各小组需根据组员强项及关卡类型进行接力排序，为获得胜利，各小组需合理规划，综合协调。在团队性体育游戏中，这种设计便于学生发现自身缺陷，明确自身优势，并在交流沟通中提升团队协作能力，促进学生全方位成长。

除合作性体育游戏外，教师需灵活运用竞技类体育游戏，用以激发学生兴趣，使学生在好胜心驱动下提升自身技能。体育游戏具有多变调整的属性，教师在设计体育竞技游戏时，不可将竞争对象局限在组间对抗中，可为传统化个人体育游戏增设排名，使学生能够直观化明确自身能力，并将该排名纳入课程过程性考核中，以此调动学生提升排名的积极性，将传统化组间竞技转化为突破自我，为避免排名先后限制了学生热情（即学生技能同步提高，但排名不升的情况），教师应设定优秀线，若学生体育游戏成绩达到优秀线，将在过程性考核中获得优异成绩，通过此方法不仅可以培养学生竞争意识，还可提高学生对体育游戏的重视程度。

3. 体育游戏符合学生的身心特点

体育游戏的选择需以体育教学内容为依据，同时需符合学生身心特点，从生理特点、心理特征两方面设计适宜的体育游戏。高校学生正处于成长巩固阶段，骨骼度不断提升，已初步完成骨化，骨头纵向生长缓慢，但肌肉组织逐渐趋于横向生长，身体运动能力及灵活性得到大幅度提升，此时教师应选择符合该生理特点的体育游戏，且适当增强游戏难度，并定期组织对抗性体育游戏，促进学生骨骼肌肉发育。除此之外，体育游戏的开展需考虑到学生心肺特点，并于体育教学期间混合应用静力性游戏与力量性游戏，借助体育游戏改善心血管系统功能，使学生身体机能得到均衡发展。高校学生已形成自身价值观念，情感丰富，但自我控制能力较弱，为保障学生身心健康，体育游戏需以学生身心特点为依据进行选择。例如：针对具有力量优势但积极性较低的男同学，教师可设计竞赛类、对抗性体育游戏，使男同学在体育游戏期间学会控制力量，并借助其好胜心调动其体育练习积极性；相较于男同学，女同学的体育游戏应偏向于协调性游戏，并注重培养女同学自信心。为提升体育游戏有效性，教师应考虑到学生性别差异，选择适宜学生身心特点的体育游戏，为进一步调动学生积极性，教师可根据体育游戏类型设置激励性奖励措施，予以鼓励，使学生在教师激励下保持体育练习热情，以此充分激发出体育游戏的教育价值。

（三）学校方面

1. 完善教师培训制度

高校要增设体育游戏的培训制度，对大学体育教师进行体育游戏培训，结合体育教师自身实际情况，为体育教师创造去外校交流的机会，尽量要求高校体育教师到外校进行学术交流研讨，加深对体育游戏的了解。邀请体育游戏领域专家前来指导，提高体育教师在体育游戏方面的知识储备。通过培训学习，掌握先进的体育游戏的方法和理念，体育教师相互学习，共同提高体育游戏方面的知识储备。

2. 增加体育游戏教材数量

体育游戏是普及性较强的教学方法，大学生易于接受并学习，可以让大学生在玩中学，在学中练，有效促进大学生终身体育习惯的养成。体育教师根据大学生的身心发展情况，在大学体育教学中不断改善体育游戏组织运用形式，选择安全、科学、合理且适合他们的体育游戏内容。增加购置体育教材数量，可以增加体育教师的知识储备，增加对体育游戏的掌握水平，运用各式各样类型的体育游戏，针对不同学生情况，因材施教。

3. 提高学校对体育游戏的重视

体育教学中体育游戏的合理运用对于大学生的身心发展具有重要的影响。在如今全面实行素质教育，学校和教育部门的高度重视，提高体育教师对体育游戏的重视程度，有利于提高大学体育教师在大学体育中运用体育游戏的频率，在大学生的体质不断加强的同时养成终身体育的习惯。体育教师对体育游戏的运用频率影响体育游戏的发展，学校体育相关部门对体育游戏的重视显得极为重要。提高体育游戏运用频率，发挥体育游戏的积极作用，是高校完成教学目标的重要方法。

4. 完善体育游戏场地器材设施

高校体育教学场地器材是开展体育游戏的最主要条件之一。由于部分高校体育场地和器材设施相对缺乏，在学校所出经费基础上，还要发挥体育教师的主观能动性，结合学校内部各种有利因素，寻找可利用的空旷场地以及可以利用的游戏道具资源。将课程教学时间进行调整，对场地器材使用较多的时间段减少课程安排，减少因场地器材设施少导致体育游戏开展的问题，这种方式可以有效利用仅有的场地器材，发挥最大的作用，保证体育课运用体育游戏的时间，加强学校的资金投入，就能很好地解决体育游戏因为缺乏场地器材而无法开展的问题。

5. 加大对体育游戏的宣传力度

首先加强学校内部推广普及，开展体育游戏活动促进体育游戏的内部宣传，利用体育游戏的特点发挥体育游戏的功能，激发大学生对体育课锻炼的热情，养成终身体育的习惯。其次，在体育课前，要求体育教师向大学生普及体育游戏内涵，体育教师要在运用体育游戏后对教学情况及时作出评价，完善教学内容的同时提高学生对体育游戏的认知水平。体育教师要不断创作编排多种形式的体育游戏，同时要求大学生自主编排切实可行的体育游戏，经考察合理的体育游戏在体育教学中插入施行，展现大学生在体育课堂的重要地位，促进大学生对体育游戏知识的学习与运用。

第三节　高校体育俱乐部教学模式

一、体育俱乐部概述

（一）体育俱乐部的起源与发展

"俱乐部"源于欧美，是社会团体及公共娱乐场所的总称。美国最早的社会体育俱乐部创建于 1732 年。18 世纪末到 19 世纪初，美国许多大学生将他们在家乡学到的体育活动知识带到校园，一些大学班级之间有了体育比赛，进而出现了大学体育俱乐部。国外体育俱乐部经过 200 多年发展已成为大多数发达国家高校开展体育活动的重要组织形式。根据日本学者 1993 年的考察，苏联和东欧很多国家在国家体制发生巨变之后大都取消了大学体育必修课，1991 年和 1993 年，日本、韩国分别取消了国家对大学生设立体育必修课的强制性限制，这一趋势表明国外大学体育课程与教学的重心已经转向体现"人本主义"教育观、以学生自主学习与自主锻炼为主要形式和以体育俱乐部为载体的高校体育教学、训练与锻炼的新模式。国内对于体育俱乐部的研究主要有社会体育俱乐部发展研究、体育俱乐部现状与管理研究、高校体育俱乐部教学实施路径优化研究、大学体育俱乐部制教学模式实践研究、高校体育俱乐部网络教学路径研究、体育俱乐部能力建设研究等。

（二）体育俱乐部的概念

俱乐部在我国主要是将各种文化娱乐、体育活动结合聚集起来的场所。体育俱乐部的概念指的是一种自发的、从事体育活动的基本组织，主要以开展体育活动为主要内容。最初的体育俱乐部主要是以爱好体育为缘聚在一起，并以体育运动为主体的团体。自欧洲最早成立俱乐部后，俱乐部一词开始传入中国。随着思想的进步和教学的改革，尝试将俱乐部形式与学校体育相结合形成最初的体育俱乐部教学模式，更好地推动了体育教学的发展。每个人对体育俱乐部概念的界定都不同，但是其核心思想和本质上都存在共同的地方：体育俱乐部具有一定的独立性；提高了学生参与课程的积极性，从被动学习转为主动学习；促进学生的全面发展和终身体育意识的培养。

（三）体育俱乐部课程的概念

体育俱乐部课程是在教师的教学、组织、指导下，以单项俱乐部为组织形式，学生体育骨干为主要组织者、管理者、指导者开展的所有学生参与的以练习与提高、活动与竞赛、评价与分享等为内容的团体教学活动。它可以不局限于正常上课时间，只要小组人员时间一致即可预约教师或者"学生教练"进行活动，也可以根据教师中讲授时间安排学习。国外体育俱乐部课程为我国高校体育改革提供了借鉴，目前我国高校体育教学形式正在进行由选修课向俱乐部方向发展的改革。近年来，国内研究者进行了体育俱乐部有氧健身操课程体系建构、体育俱乐部课程对学生身体素质的不同影响、高校俱乐部体育课程化管理等专题研究。然而，我国俱乐部课程改革目前还受传统班级授课思想的束缚，以俱乐部运行模式替代必修课还有很长的路要走。

目前，国内外相关研究更多侧重高校体育俱乐部的教学模式，较少涉及高校体育俱乐部的课程改革创新，缺乏高校体育俱乐部与社会体育俱乐部的比较分析。

（四）俱乐部教学模式的优缺点

1. 优点

（1）从学生出发，以学生的自主选择为主导，从学生的兴趣爱好出发，有利于培养和锻炼学生自主学习的能力。

（2）有利于提高学生对体育学习的积极性，激发学生的兴趣和创造力，通过自主参与的方式，增强身体的抵抗力。

（3）提高了体育教师的专业水平，因为通过俱乐部教学模式应用，对体育教师的专业水平要求提高，体育教师需要较高的专业素养才能任职。

（4）俱乐部教育模式，让所有感兴趣的同学组成学习小组，由于兴趣爱好驱使，使得学生之间的共同话题增多，有利于学生之间以及学生与教师之间的沟通交流。

2. 缺点

（1）成本比较高，俱乐部教育模式强调体育项目选择的多样化，对体育场地的要求较高，以及对体育项目相关配套设施设备要求较高。

（2）给学校和教师造成巨大的负担，由于俱乐部教学模式强调自主选择，高校学生较多，选择项目也相对比较多，需要对不同的项目进行重新分组分班，打乱原有的班级，可能会出现有些项目人数较多有些项目人数较少的情况，给教师正常教学活动的开展造成压力。

二、高校体育俱乐部教学模式的分类

（一）高校体育课外俱乐部制教学模式

课外体育俱乐部教学模式是目前高校普遍进行体育活动的方式，与传统教学模式在教学内容上具有相似性，比如教学内容的单一、形式化，同样优势是便于教师管理；在教学任务上实行教师负责制，按统一内容进行，实行教师量化管理，忽视学生兴趣，限制了学生发展，阻碍了学生发挥主体作用；在教学理念中，只考虑了学生的身体锻炼，未能考虑到培养其终身体育意识；在运动项目方面，设置的项目较为常见，虽然学生上手容易，但是难以满足部分学生的运动项目需求；在教学评价方面，只注重考勤，考评内容单一，难以凸显学生的真实情况，忽略学生其他方面的发展。课外体育俱乐部教学模有自身的优势，但是也存在着一些弊端，学习是永无止境的，体育教学模式的完善更顺应时代的发展。

（二）高校体育课堂俱乐部制教学模式

1. 概述

体育俱乐部的含义就是自发性地通过相同兴趣爱好的人聚在一起进行锻炼、提高自身的体质。体育课堂俱乐部制教学模式的含义就是课堂教学采用俱乐部制的教学模式。近年来，体育俱乐部的发展成为一股热潮，因为其主要的目的是以俱乐部的形式教授体育课程使学生能够在自己兴趣爱好的基础上培养终身体育的意识和促进体育技能的学习，体育课堂俱乐部的发展，解决了课余体育俱乐部存在的问题，例如增加了学生的课程自由选择性、满足学生更多的运动项目需求等，课外俱乐部教学模式到体育课堂俱乐部制教学模式的转变，不仅减少了时间的利用，而且提高了学生及教师的重视，让其效果更明显。

2. 优势

（1）将学生作为教学主体

当今时代是一个全面发展的时代，当代大学生的综合素质也逐渐成为高校教育的重点。学生在高中阶段，主要注重文化课，并不在意体育锻炼，所以在大学阶段，整体上的学生身体素质并不高。与初中和高中阶段的学习任务相比较，大学的课程相对更加自由，而且与高中的教育目标也不同，大学教育更注重的是专业技能知识与体能训练并重，使学生走出校门进入工作岗位的时候也能应对较快的工作节奏。在高校体育教学课程中，学生也是可以选择自己的兴趣爱好的。以往的高校体育教学中，以教师为教学主体，学生只能跟随教师的教学节奏，学生没有办法进行自主选择，而俱乐部体育教学模式中，学生是能够按照自身的喜好来进行体育课程选择的，可以挑选自身比较喜爱的运动项目课程。这样的体育课程不但可以加强学生的身体素质锻炼，还能保持并发展学生的兴趣爱好。所以，高校体育课堂俱乐部教学模式的实行可以有效地突出学生的主体教学地位，有利于学生的全面发展，促进高校体育教学课程的发展。

（2）端正学生对于体育课程的学习态度

多年来，应试教育思想深深地影响着教师、学生以及家长的思想和学习态度，也导致很多的学生并不重视体育课程，主要表现在体育测试的时候认为能够达标就可以了。体育锻炼并不只是结业考试中的一个测试，也要进行学生身体素质的培养，在体育锻炼中继续坚持喜欢的运动项目，还能强身健体，可谓一举多得。适当的运动可以提升学生的精神力，不断坚持运动可以磨炼学生的意志，从总体上提高学生的专注力与学习效率。可见，在高校体育教育中实行俱乐部教学模式是十分必要的。

（3）拓展体育教学的时间与空间

从以往的高校体育教学效果来看，学生对于体育教学课程并不重视，兴趣也不高，导致学生对于体育运动并不积极。相比之下，俱乐部教学模式不但重视学生个体差异性，还鼓励学生培养兴趣爱好，去选择自己喜欢或者感兴趣的体育项目。实行俱乐部教学模式可以一定程度地拓展体育教学的教学时间与教学空间，学生能够根据实际情况进行体育课程选择，而且在课内课外都可以锻炼，有利于高校体育教育课内外一体化发展。

（4）推动传统体育教学模式改革

随着我国《全国普通高等学校体育课程教学指导纲要》这一指导文件的出台与实施，为高校体育课程教学改革工作开创了新的改革思路。新时期的高校体育教育开始提倡终身体育、健康至上的教育目标，但是以往的体育教学模式是无法达到这一教学目标的，所以进行高校传统教学改革是十分迫切的。在这样的教育改革背景下，体育俱乐部教学模式顺势而出。俱乐部教学模式的出现给高校体育的教学工作提供了可能。

（5）有利于引进竞争机制

与其他的教学模式相比，俱乐部教学模式更加具有开放性与互动性，不但能够进行学生自主学习的意识以及学生的创新能力的培养，淡化了体育考试管理，还能够在这样的教与学的内在统一与相互影响的教学过程中提升教师和学生的教学积极性，是教师和学生之间产生新的化学反应，以此来达到最终的教学目标，提升高校体育的教学效果。

（三）两种体育教学模式的比较

1. 教学形式特点不同

课外体育俱乐部教学模式在教学形式上时空封闭，组织教学形式单一。对于俱乐部教学的发展有一定的滞后，很难满足学生的需求，限制了学生的自由选择性，影响了学生的学习兴趣，一定程度上制约了学生个性和主观能动性的发展。课堂俱乐部制教学模式组织教学形式多样，以"课堂"教学为主要模式大大提高了时间的利用率，课程的多样化提供了更多的自由选择性，提高了学生的兴趣和积极性。

2. 师生主体角色不同

课外体育俱乐部教学模式在一定程度上还存在教师负责制，实行教学内容的统一管理，忽略了学生的兴趣。课堂俱乐部制模式的体育教学充分体现了以学生为本的理念思想，学生充分起到主体作用的同时教师则起到了辅助作用，教学形式更加丰富及灵活，学生也发生了从被动学习向主动学习的转变，提高学生学习兴趣的同时充分发挥了学生的主观能动性。

3. 教学任务内容不同

课外体育俱乐部教学模式教学内容和教学目标含糊不清，教师的责任心不强，对于模糊不清的教学任务草草了事，忽略了学生的心理健康问题并打击了学生的兴趣性。课堂俱乐部制模式的体育教学在注重学生的身心健康的基础上提高学生的体育运动技能，俱乐部模式的教学主要以学生自由选择项目进行活动的同时提高身体素质为目的，课堂俱乐部的教学让学生在运动的同时养成自觉锻炼与终身锻炼的意识，使学生在运动锻炼中培养良好的品德、习惯及竞争意识，也有利于促进学生的身心健康培养。

4. 教学评价方式不同

课外体育俱乐部教学模式的评价标准主要是学生考勤是否达标，忽略学生的全面发展，不容易凸显学生的真实运动能力和水平。与之对比，评价方式多元化是课堂俱乐部制教学模式的优势，更有利于学生多方面的提高和发展，更有利于教师更直观地观察和了解学生。

5. 教学设施要求不同

大多数高校在对项目的设置上有一定传统教学模式的影子，还存在一些普遍的运动项目，对于一些对运动场地设施有要求的项目开展起来较为麻烦，作为学校就会忽略该项目的设置，与传统教学模式相比只是进行了表面的改变。课堂俱乐部模式的教学对于场地及设施的要求较高，场地设施条件的不足会影响课程项目的设置，积极加强相关设施条件的建设是必要的。

三、高校体育俱乐部教学模式的实施

（一）强调以学生为本

要在高校体育教育中实施俱乐部教学模式就一定要时刻将学生作为体育教学的主体位置。重视学生的个体性，关注学生特性，使学生能够真正地体会到体育课堂的灵活性、多样性以及特色性，尽可能地满足学生的多方面个性化需求。俱乐部教学模式强调以学生为主，学校方面要依据俱乐部教学模式的要求，重新组织教学，丰富体育课程的教学形式，灵活运用此模式内相关内容，使学生能够按照自身喜好和意愿进行课程的选择，选择喜欢的学习内容与学习时间，甚至选择不同的任课教师来为自己辅导。俱乐部教学模式用充分满足当代大学生的个性化要求，体现多元化的教学特色，还能提升教师和学生之间的互动性，使教师与学生之间的相处得更加融洽，开创师生合作的新形式，构建学生与教师共同发展的全新教学体系。

（二）遵循非竞技性特点进行课程设计

俱乐部教学模式的最终目的就是使学生加强锻炼，提升学生的身体素质，提升当代大学生的身心素养。因此，要在高校体育教学中实现非竞技性的俱乐部教学模式。与体育院校的竞技性教学不同点在于，普通高校实施俱乐部教学模式要尽可能地减少一些技术性训练和比赛，来避免一些没有意义价值的训练内容，例如长跑或是竞走等吸引力不强，又不具备趣味性的项目，就违背了高校体育教育中俱乐部教学模式的实施初衷。

（三）建立完整且合理的评价体系

高校体育教育俱乐部教学模式下，应构建完整且合理的评价体系，使该模式可以更好地为学生而服务，更加体现出俱乐部教学模式以学生为本的教学理念。同时，校方要密切关注该模式实行的过程中带来的教学内容变化。当代大学生个性鲜明，在进行高校体育的教学也要重视学习的个性化差异，突出学生的性格特点，而评价体系可以直接反映出俱乐部教学模式的实行效果与教学过程中出现的问题。任课教师应进行教学内容的规范，引导学生能够关注每一项体育活动，使学生能够重视科学健身的益处，使学生能够在主观上形成好的主观意识。体育教师坚决不能灌输给学生消极的教学态度，降低学生的学习热情，而且不能太过表面性地关注学生成绩。在教学过程中，体育教师应关注学生体能增长情况，重视学生的心理变化情况，进行适当的指导和引导。俱乐部教学模式下的评价体系是一项动态的评价体系，该体系不能仅仅把学生当作评价对象，还要将任课教师作为评价对象。在不断改革的教育体系下，要求各个高校的教师应具有较强的专业素养，而教师在教学过程中的专业性与教学质量的高低也应该由学生来进行评价和判断，校方也可以将评价体系的评价结果作为教师考核的一部分，成为教师考核的有效依据。

（四）强化教师团队的专业能力

在高校体育教育中，俱乐部教学模式依赖任课教师的专业能力以及教学素质来完成，教师的教学能力成了该模式的指导性因素。由教师进行教学辅导可以使学生个性更好地体现出来，挖掘出学生的自身优势并加以升华。我国高校进行教学改革的同时，也要加强对于教师团队的培养，制定教师培养计划，提升教师的专业能力与教学素养，保证高校体育俱乐部教学模式能够不断稳定，不断优化，持续发展。

四、高校体育俱乐部教学模式的优化策略

（一）教学方面

1. 提高教学质量

教学质量的提高是每个高校不断前进的目标，为了完成加强教学质量的研究，学校应积极申报关于能够提高教学质量的课程项目，项目研究的成果有利于自身高校教学质量提高的同时对其他高校也有一定的借鉴意义。学校对教师的教学质量要求也要时刻检验，提炼出课程教学质量优秀的教师对其他教师进行经验传授，利于提高课程教学效果和对学生的全面培养。

2. 贯彻教学理念

兴趣是最好的教师。高校体育教育要实行体育俱乐部教学模式，要全面贯彻以学生为本的教学理念，将学生放在体育课堂的教学主体位置，以学生的兴趣为切入点，按照本校体育教学的实际状况来进行教学方式的改革，发挥出体育俱乐部的作用。第一，坚持以学生为本的教学原则，对学生进行基本情况的调查和了解，总结学生的兴趣需求以及学生的身体素质情况，制定出相应的体育教学课程，提升学生对于体育课程的接受程度，激发学生兴趣，来提升体育教学质量；第二，在高校体育的俱乐部教学模式下，应确定教师在课堂中的定位，清楚地认识到课堂上教师与学生的教学关系，充分发挥出体育俱乐部教学中学生的教学核心效果。高校体育俱乐部教学模式下，要加强教师与学生之间的互动性，积极鼓励并引导学生能够积极参与体育活动，增强学生的综合素质，促进学生的全方面发展。

（二）课程方面

1. 优化教学课程设置

为了满足大多数学生的课程需要，高校应不断增加和完善教学课程的设置，提高学生的可选择性，关于课程项目的设置应考虑顺应时代的发展，课程项目要更加丰富，更加贴近生活，是学生在日常生活中能够用到的，对于学生的自主锻炼意识有很好的促进作用；对体育俱乐部制教学模式发展的运行有很大的推动作用。

各高校体育课堂俱乐部制教学模式都还处于不断完善的阶段，场地设施不足及师资力量的不足是高校较为普遍的问题，在设置课程时，学校应该在现有的条件下结合实际情况设置一些能够在很大程度上满足学生要求的实用性强的课程；根据现有的师资队伍的实际情况更大化地提高教师能力的利用。

2. 加强课程项目建设

在高校体育俱乐部的教学过程中，有一大部分的学校出现了学生多、俱乐部设施不足，或是个别项目选报的学生过多的情况。面对这样的情况，学校方面要依照学生的兴趣爱好来丰富课程项目，对体育俱乐部的项目进行一定的拓展，设置一些实用性强的课程，安排一定的团体性活动，合理分配学生上课时间，减轻体育俱乐部以及体育教师的压力。体育任课教师也要适应新的体育教学模式，认识到教师身份的变化，根据因材施教以及以学生为本的教学理念，按照学生个性的不同来制定科学合理的体育训练方案，提升学生训练效果，有助于学生养成一定的体育运动习惯。

3. 合理安排俱乐部课程

为了满足体育俱乐部的教学需求，避免造成体育俱乐部的课程与学院专业课程时间上的冲突，影响体育课堂俱乐部制教学模式的顺利开展，为了让学生选课自由权利最大化，建议学校与教务处妥善处理学院专业课和俱乐部课程之间的具体时间安排，时间安排的合理性有利于提高师资以及场地利用率。

（三）管理方面

1. 完善管理制度

俱乐部教学模式的实施影响因素众多，一旦体育俱乐部的管理制度出现问题，就会影响到俱乐部教学模式的教学质量。进行高校体育俱乐部管理制度的完善，一定要结合高校体育的实际情况以及体育俱乐部的建设情况，构建健全的管理体制，让俱乐部教学模式的开展能够有据可依，保证高校体育教学中俱乐部教学模式的有效开展。

由于各个高校的教学环境存在差异，体育俱乐部的教学规模也并不相同，各高校也要借鉴国外体育俱乐部的规章制度，在总结本校的体育教学情况后，进行相应的体育俱乐部管理制度的改进以及完善，使体育俱乐部教学模式能够顺利实施。

2. 完善教学管理体系

要在高校体育教育中有效实施俱乐部教学模式，将俱乐部教学模式的作用充分发挥出来，就要准确地进行俱乐部的定位。第一步，校方在进行俱乐部教学模式前应进行体育俱乐部的设置，设置完善的俱乐部管理机构，保证体育俱乐部的正常运行。第二步，落实体育俱乐部的各项管理制度，明确岗位职责，提升俱乐部的管理水平，这是高校体育俱乐部教学模式正常运转的基础性工作。第三步，应积极与社会相关领域进行交流与合作，发挥出体育俱乐部应有的社会化效果。在我国，高校体育与社会体育是相对独立的，却又相互关联，相关影响。所以，高校要根据本校体育教育课堂的教学情况，进行体育俱乐部的准确定位，将高校体育与社会体育联系起来，发挥出体育俱乐部的作用，有效提升学生体育应用能力。

3. 完善成绩录入程序

教师在上课前为保证教学过程的完整和流畅需要进行备课，期末需进行期末测评。期末教学考核和教学评价是对一个学期的教学效果和学习结果的考核，学生的成绩经过统计需要教师先从线下合成再录入学校教务管理系统，增加了教师的工作量。为了优化学生成绩录入程序，让教师从烦琐的成绩录入工作中实现减负，建议在公共体育俱乐部管理、大学生体质健康测试和阳光长跑等系统与学校教务管理系统之间实现数据无缝对接。

4. 加强专业体育设施配置

为了有效地推进体育课堂俱乐部制教学改革，专业的体育设施置办有利于提高课程教学质量的同时也能激发学生的兴趣，学校应根据开设课程的具体数据来置办相应的教学训练所需器械，例如针对跆拳道项目需要足够的场地空间和购买专业的训练器材等情况，在校内应建设专业的综合训练馆以备不时之需，在专业器械齐全的情况下，更要确保学生在此空间内训练不会出现安全事故。

（四）教师方面

1. 优化教师队伍建设

俱乐部制教学改革让体育教师普遍有了职业危机意识，如果他们不适应俱乐部制教学模式，就会被淹没在改革的历史潮流之中，必然被社会所淘汰。学校应该高度重视师资队伍的建设工作，学校及教育局积极引进相关对口的人才教师充实教师队伍，建立一支结构合理、爱岗敬业、具有专业能力及创新精神的队伍，为更好的教学及发展储备资源。

2. 提高教师专业技能

人在学习的道路上应该一步一个脚印，一往直前，学习没有尽头，教师作为课程教学中学生学习的榜样和指导者，应该具备强硬的专业素质和能力。体育课堂俱乐部制教学模式的运行和发展，对教师的教学能力、组织能力的要求都更加严格，教师需要不断地学习提高自身的能力。现任教师可通过选择进修或者参加高层次的培训去提高自身的专业性；为了让教师能变被动学习为主动学习，支持教师利用自主申报俱乐部课程的方式，有利于提高自身专业技能、培养其组织管理能力、教学方式的改良等，从而适应俱乐部教学。

（五）学生方面

提高学生兴趣及其参与课程活跃度主要是从宣传方面通过课程项目设置、教学形式的组织以及教学过程中教师与学生的互动交流，加强俱乐部教学模式的宣传工作，做到学生充分了解其课程内容；课程设置重点选择选择学生较为感兴趣的课程；加强教学形式组织的多样性和新颖性；在课程教学过程中，教师加强与学生的交流互动，了解学生的想法及促使学生感受到课程的趣味性。过往在进入大学之前体育运动一直都被误解是影响学习的活动之一，因此体育运动往往都被家长忽视，甚至也会被学校忽视，久而久之，就连学生自身也难以重视体育。对于要顺利且长久地开展俱乐部制的教学模式，高校及学生加强对于体育活动的重视，提高学生兴趣和学生课程参与度是关键所在。

一个完整且有效的课堂教学是教师和学生相互合作一起支撑起来的，在完善学校和教师方面发展策略的同时，学生方面也不能忽略。从学生的角度上，面对课程教学时应该更多地展现自己的积极性，面对教学要求，尽可能对自己严格要求；面对教学内容，尽自己最大努力消化学习内容；面对学习问题，大胆提出自己的疑虑才能得到解决；面对教师同学，尽可能放开自己积极与他人进行交流，互相学习，互相进步。

第四章　高校体育教学模式的科学化创新

本章内容为高校体育教学模式的科学化创新，主要从四个方面进行了介绍，分别为高校体育微课教学模式、高校体育翻转课堂教学模式、高校体育课程思政教学模式、高校体育线上线下混合式教学模式。

第一节　高校体育微课教学模式

一、微课概述

（一）微课的概念

微课（micro lecture），指时间短、内容精的微小课程，它可以让学习者利用碎片化的时间快速学习掌握一个知识点、了解一项技能、解决一个问题。微课中的课，既可以理解为一个课程，也可以理解为讲一节课，所以微课又被称为微课程。微课，是现代教育信息化的重要教育资源，不仅可以作为学习者非正式学习的学习资源，也可以作为学习者正式学习的辅助资源。因此，越来越多的专家学者开始关注微课的研究与应用，使微课成为现代教育信息化的研究热点。目前，越来越多的专家学者对微课的概念和含义进行解读与定义，其核心理念基本一致，但微课的概念界定还未形成统一。

（二）微课的主要特点

（1）教学内容少且精。微课一般来说是只讲 1~2 个左右的知识点，通常来说，微课的教学形式主要就是一些重要的片段，而非复杂烦琐系统的课程。这样的教学形式相对学习者来说，是比较简单易消化的。微课主要是为了突出课堂教学中某个学科知识点或是反映课堂中某个教学环节展开，相对于传统教学更能够突出主题，内容更加精简。

（2）教学时间较短且活。教学视频是微课的核心，视频的时长一般为5~8分钟左右，最长不宜超过10分钟，而且大都以碎片化的形式提供给学生。因此，学习方式便捷，学习渠道多。学习者可以随时使用移动终端联网在任何地点和环境下学习，学习更加便捷、灵活。

（3）教学资源情境化。微课教学以视频片段为主线，通过教学设计、教学课件、师生交流互动等构成了一个主题鲜明、类型多样、结构紧凑的微课教学情境。教师和学生在教学平台上体验教与学情境中的交流与互动的和谐的师生关系。

（4）资源容量小：微课视频容量较小，师生能够流畅地在线观摩，也便于储存。

（5）主题突出，内容具体：一次课程一个主题，指向明确，营造了一个真实的"微教学资源环境"。

二、高校体育微课

（一）体育微课的相关研究

微课的产生为体育教学改革提供了新的尝试，微课与体育教学的相互融合为体育教学领域注入了生命活力，不断吸引相关学者进行深入研究。

不同学者对于微课应用于体育教学研究过程中的侧重点也不同，对于体育微课研究范围也比较全面，关于体育微课研究的有以下几个方面：验证体育微课的可行性、研究体育微课的制作与开发、研究微课在体育教学中的实效性以及研究基于微课的翻转课堂教学模式在体育教学中的应用。

在体育微课的类型上，有学者根据课堂教学环节，将微课分为说课类、讲授类、实践课类等与教育教学相关的多种类型，包括分析课堂教学对象与内容、确定教学目标、选取材料设计应用策略、建立内容结构知识、形成性练习和学习性评价。也有学者指出体育微课分为课前观看微课源或视频及课件，课中教师进行讲解示范和解决问题，课后复习和预习三个大部分。

在体育微课的意义上，有学者通过分析认为微课应用于体育教学可以弥补传统教学的不足，满足学生自主化和个性化学习。也有学者提到把微课引入体育课堂不仅能够丰富教学内容，培养学生终生学习体育兴趣，还可以为体育课插上信息时代化的翅膀。

在体育微课的设计应用上，有学者基于当前体育微课应用现状，认为我国微课教学模式还处于起步阶段，在体育微课的设计应用上应该做到加强体育教师微课理论学习，提高信息素养；转变体育课堂教学理念，正确对待微课教学；加强教师微课技术学习，组建体育微课团队，引起设计者的反思。

微课在体育教学中的应用还体现在其具体运动项目，有学者将微课应用于高校篮球技术教学当中，建立了实验组与对照组学生进行对比分析，研究结果表明微课不仅可以显著提高学生的篮球技术，还使学生可以在学习其他运动项目的过程中运用到微课模式。也有学者将微课应用于体育舞蹈教学当中，借助微信平台与学生搭建沟通平台，实施学习监控与学习反馈，拓宽了学生学习渠道，激发了学生学习兴趣。

综上所述，微课或将会成为解决目前传统体育教学中存在问题的关键，因此吸引许多学者进行不懈探索实践，试图将微课教学法与传统教学法相融合，整合出一条适合今后体育教学的路径。虽然目前有关体育微课的研究已经相对全面，但是，体育微课仍处于初步阶段，研究内容也主要集中在理论意义与应用设计方面。即使是在各个年级段的不同运动项目甚至是同一运动项目之间，不同学者的见解也不尽相同，但是学者都一致认为微课的适用性强，与体育教学相结合是未来的一种发展趋势。并且体育学科与其他学科不同，课堂内容主要是以身体练习为主，更加具有挑战性。

（二）高校体育微课的作用

1. 具有直观性

微课建立在信息技术与互联网技术上，教师能借助海量网络资源，丰富体育技能教学示范方式，使学生更加直观地学习相关技能。积极引用计算机多媒体技术，不仅能提升学生的直观感受，还能将复杂的动作定格，进行更加仔细的讲解和示范，帮助学生轻松掌握体育技能的动作要领。在传统的线下体育教学中，体育教师对动作要领很难做到如此高效、细致的讲解，有时需自己想象、体会，但这样的教学导致学生对动作的学习不够正规。在微课教学模式下，学生能对音频、视频中的体育动作进行定格记忆和规范掌握，便于学生对一些较难或复杂的体育动作进行牢牢掌握，提升体育课上学生对体育运动知识的学习质量。

2. 具有可重复性

以往教师对复杂体育动作和内容的教学会分为几个部分，将动作分解，便于碎片化学习，之后再连贯起来，整体记忆，但往往会使学生对动作的执行不连续，没有形成整体记忆。而且，每个体育教师的个人能力素质不相同，也会在一定程度上对体育教学效果产生影响。利用微课混合式教学模式，能允许学生仔细观看、复习，琢磨动作要领，且保证学生接收到的体育教学完全相同；同时，微课视频的制作，能提高教学效率，且减轻体育教师的教学工作量。微课视频的播放学习，有利于学生把握整体知识体系，区分体育教学的基础和重点，实现对体育动作的连贯记忆等。

3. 具有一对一的互动性

传统的体育教学过程中，由于时间和教师数量等限制，无法做到对学生的一对一教学，微课教学模式的出现，每个学生都能借助计算机载体，对自己没有掌握的内容进行反复学习。微课教学不仅提升体育混合式教学质量，也是体育教师的有力助手。基于微课的体育教学，能发挥学生的自主学习能力，体现学生的主体地位，体育教师对学生的体育技能学习起到良好引导和辅助作用，不再是完全的传授者，一定程度上也能促进学生养成创新精神。微课教学，允许学生对体育课程内容进行反复学习和观看，实现一对一的互动式教学。

（三）高校体育微课设计坚持的原则

1. 坚持学生主体原则

学生是教育工作的主要对象，学生是教育教学活动的主体。微课的设计与应用必定要以学生为本，教学活动要永远围绕学生开展，没有学生的参与，教学活动就无法进行。在进行微课设计之前，要充分了解学生对体育运动的认知情况和学习需求，明确学生的现实基础；在微课设计过程中，要始终以学生为主体，充分调动学生参与体育课程的积极性，并给予恰当而有效的及时反馈；在微课设计实施后，要以学生的学习体会和学习效率为主，让学生来评价体育微课的实际应用效果。

2. 坚持微型化原则

"微"是微课区别于其他多媒体教学的一个重要特征，同时也是微课的核心所在。贯彻微型化的原则主要体现在：①时间"微"，体育微课的视频时间不宜过长，大体可控制在10~15分钟左右，这不仅遵循了认知负荷理论，而且还能支持碎片化学习；②内容"微"，体育微课选择的教学内容要具有精炼性和针对性，学习内容尽可能细化的同时保证重难点清晰和主题鲜明，保证学习效率的提升；③容量"微"，体育微课的存储容量要小，小容量的微课可以方便学生随时随地进行学习，随时随地实现资源共享，甚至还可以打破原有传统体育课堂在空间和时间上的限制。因此，微型化原则在体育微课的过程中一定要充分体现。

3. 坚持创新性原则

在现代信息技术迅猛发展的新时代，创新思维尤其重要。教学活动也应以培养人的创新思维为主要动力，以强化创新能力为主要目标，以提高创新素质为主要目的，根据已有的教学经验与教学内容创造出更科学、更合适的微课教学资源，并结合网络信息技术手段实施与应用，对新时代的教育教学活动具有重要意义。当代大学生是新时代信息技术的主要传播者，他们善于发现和掌握最先进的信息技术，同时也具备一定的创新应用能力。所以，在体育微课的设计与应用过程中必须遵循一定的创新性原则。

4. 坚持趣味性原则

在进行体育微课设计时，首先要充分考虑到学生的学习需求，设计出具有趣味性、新奇性和实效性的微课视频来吸引学生的关注；其次，在设计过程中，要融入一些图示或动画等趣味性较高的元素，少用文本或文字，使知识更加直观、更加形象、更加活跃，加深学生对知识的表象储备，增强教学内容的趣味性，设计出形式新颖的体育微课，最终让更多的学生从体育运动的学习过程中产生对体育项目的学习兴趣，进而有效地增强锻炼效果。

三、高校体育微课的制作

（一）明确教学重点

大学的体育课程有很多种，教师要根据体育课程教学特点，明确微课的重点是技术还是理论。微课的时间较短，也要把握好对时间的划分和利用，相对时间长、内容知识复杂的传统课堂，微课更像是一种课例片段，对问题的针对性较强，主题突出，更适合体育教师对学生的线下辅导教学，要对微课的体育教学内容做出合理规划，以吸引学生学习兴趣，提升其体育运动技能。

（二）准备体育素材

1. 技术知识素材

体育微课形式之所以受到学生的广泛喜爱，离不开微课教学视频制作过程中大量的相关知识素材。这些教学视频素材的选择和准备，直接影响到整节微课的教学效果，进而影响体育微课教学模式的教学质量。因此，教师在制作体育教学视频的过程中，要合理选择知识素材，不仅要吸引学生的学习兴趣，也要注重体育课程特征的体现，与体育课程教学内容紧密结合。

2. 音乐素材

微课教学中，主要通过微课视频辅助完成教学任务，相比于传统体育教学模式，优质的微课视频更能激发学生对体育课程的热爱，容易形成沉浸式的学习氛围。可在体育微课视频的制作中良好利用音乐素材，用音乐缓解学生的学习压力，形成良好、愉悦的学习氛围，在制作微课教学视频的过程中，对音乐素材的选择，既要体现轻松、欢快，又要贴近体育教学内容。

（三）体育微课制作

对体育课程要讲述的技术知识以及制作视频所用音乐素材选择好后，进行体育微课视频的制作，完整的体育教学微课制作过程，应有选题的设计、微课脚本的编写，最重要的是视频录制和教学准备，也需完成对视频后期的加工、教学评价以及反思等。微课的教学特点就是主题突出，标题设计要醒目，视频一般不超过 10 分钟，因此要让学生在第一时间就能明白每个微课视频的主题；教学素材的选择以及体育微课内容的设定，要结合学生的学习兴趣和学习能力。

教师可将自己对体育动作的示范录制下来，也可从网络上寻找视频进行编辑和整理，将较难的动作教学，通过慢动作处理，使学生能仔细探究动作要领，加深理解。体育微课视频的画质要足够清晰，画面顺畅，以提升学生对微课的认同程度。教师将体育微课视频制作完成后，可将视频上传到校园网络平台，供学生提前预习和了解。

第二节　高校体育翻转课堂教学模式

一、翻转课堂概述

（一）翻转课堂的概念

截至目前，国内外很多专家学者均对翻转课堂教学模式进行了概念界定。结合已有概念界定，翻转课堂教学模式即要求学生课前观看教学视频，让学生通过教学视频的观看掌握基础知识内容，正式课堂教学中教师引导学生对重难点问题进一步深入探究的一种现代教学模式。起源于美国的翻转课堂教学模式是基于现代信息技术构建起来的一种新型教学模式，可以最大限度地调动学生的学习潜能，拓展学生的学习时间及空间，有利于促进教学质量的提升，有利于激发学生学习兴趣。正因如此，翻转课堂教学模式才能跨越国界，被我国教育界接受，成为我国当下一种主流教学模式。

（二）翻转课堂的基本理论

1. 建构主义理论

建构主义理论也叫作结构主义，是由瑞士儿童心理学家皮亚杰最先提出，是认知心理学派中的一个分支。建构主义具有丰富的理论内容，主要是以学生为主体，培养学生对新知识的探索精神、对所学知识的主动建构。意义建构过程中教师是帮助者、指导者和推动者。翻转课堂教学充分体现了建构主义理论。把学习新知识的自主权交给学生，充分体现以学生为中心，而课堂中教师组织学生交流探讨合作学习，引导学生自己纠正错误和改正练习方法。主要是引导帮助学生成为信息加工的主体，意义的主动建构者，课后还要引导学生勤加练习，巩固和提高知识技能。因此建构主义理论对于翻转课堂的顺利实施起到了极大的促进作用。

2. 掌握学习理论

掌握学习理论于 20 世纪 60 年代由 B.S. 布卢姆提出。相关研究表明，学生获得的学习成绩与自己的学习能力接近于零相关。他强调在保证每个学生都有相同学习时间的前提下，按照提前制定好的学习内容进行自主学习，教师可以对问题提供相关的帮助，每一个阶段内容完成之后要进行阶段性测试，目的是了解学生对所学内容的掌握程度。

翻转课堂教学的提出，借助信息技术的支持真正实现了掌握学习，教师也更容易进行针对性的个性化辅导。课前学生根据教学资源自主掌控学习时间及进度，已经明确的内容可快进或跳过，没有掌握的内容可反复观看或停下练习。之后课堂上的指导和互动就更具有针对性和人性化。课后还可进行评价、反思以及拓展，最终达到掌握知识的目的。

3. 自主学习理论

自主学习就是由学生自己确定学习时间和路径，整个学习过程的自主权属于学生自己。它有自立性、自为性和自律性三个特性。翻转课堂教学过程中，强调以学生的发展为主体，课堂上提高时间利用率，教师只是引导和帮助学生学习，让学生自己成为学习的主人，充分体现了自主学习理论。

4. 人本主义理论

人本主义的实质就是让人可以自由表达自己的思想感情，从而健康发展。理论的精髓是注重发展学生个人价值和个体尊严，强调人的个性化发展，注重培养学习主动性，教学的主要目标是以学生的多方面能力发展为中心，整个教学过程注重培养学生个体发展。显然翻转课堂教学也是旨在培养学生自主学习能力、以学生发展为中心。

（三）翻转课堂的价值

翻转课堂教学模式同传统的教学模式相比，其优势和价值所在是国内研究者越来越多的原因之一。研究者大多从教师方面、学生方面和课堂时间地点管理方面入手来研究翻转课堂教学模式的价值和优势。

从学生角度入手的研究中，研究者认为翻转课堂教学模式有助于学生提高对学习的主观能动性，学生在课前预习阶段、课中学习阶段和课后巩固方面都能够自主地把控学习的进度和学习强度，例如学生在课中的学习过程中可以根据自身切实状况和学习状态自主地选择学习主题，按照所选择的学习主题和学习目标合理地开展学习探究，此方式通过学生的学习动机出发，提升学生的学习动力，改变了传统教学模式中被动的学习方式。在学习过程中，学生可以自主地开展同学习主题相对应的学习活动，如实验探究和自主讨论，这使学生在学习过程中获得了更多的参与度和表现机会，对学习的兴趣有着一定程度的提升。同时，翻转课堂的教学模式有助于提升学生的自我管理和自我约束能力，表现在对于学习时间安排、学习目标的制定、学习心态的调整和学习方式的选择方面。在时间安排方面，学生可以自主地安排和支配自身的学习时间，自主控制学习进度。在学习目标的制定方面，学生可以依据自身的切实状况，通过自身理解能力和知识掌握程度合理地选择每一阶段的学习目标。在心态调整方面，学生可以按照自己的学习心情状态来调整学习速度，不受到其他学生接受内容快慢的影响，以良好的精神和心理状态学习。在学习方式的选择方面，学生可以按照自身喜好选择学习方式，可以通过文档阅读、收听音频资料和观看视频资料等方式自由选择合适的学习方式。

从教师角度入手的研究方面中，同传统的教学模式相比，翻转课堂教学模式的优势和价值大致体现在教师角色转变、专业化发展的促进、教学内容和教学机制的提升和教师职业化疲惫的改善等四个方面。在教师的角色转变方面，教学的中心主体究竟是学生还是教师这个问题已经争论许久，虽然在教学研究者中认为学生为主体的定论居多，但在真正的教学实践过程中，教师仍然凭借其教学内容和知识储量以及对课堂活动的控制权等优势占据授课过程主体位置。但在翻转课堂教学模式的实施过程中，教师不再是授课过程的中心，而是成为学习环境的组织者，这种角色的转变主要体现在两个方面，其一，教师的课堂授课已不再是学生获取知识的主要来源，学生可以通过讲义文档的阅读、音频资料的收听以及视频资料的观看自主地选择学习内容和自由地控制调整学习进度。其二，教师不再自主地选择教授内容，而要根据学生的具体需求来制定何时何地以何种方式对学生提供教学帮助，使教师更好地融入学生之间。在专业化发展的促进方面，翻转课堂教学模式的实施，需要通过教师研究、制作和整合不同种类的教学内容，掌握不同类型的教学方式，运用现代化、信息化的方式组织多元化的教学活动，从而促进了教师多样的专业化发展。教学机制是教师在教学过程中面对突发问题时的即时应变能力，在翻转课堂教学模式的具体实施过程中，这种应变能力不仅表现为对突发状况的处理，更表现出教师协调学生多元化学习状况和学习活动的临场组织和安排能力。由于翻转课堂模式中学生可自主地安排学习内容和进度，师生同堂的时间段更多的是用于答疑解惑和研究实验，因此教师会遇到更多的突发状况，要在同一时间解决和处理多方面的问题。在教师职业化疲惫改善的方面，教师是倦怠感较强的职业之一，对于从事教育工作十几年甚至于几十年的教学工作者来讲，职业疲惫感的出现并不罕见。而翻转课堂的出现使教师的教学工作进入了全新阶段，教师不再教授单一的、重复的、较为枯燥的教学内容，而是需要面对全新技术、全新教学模式的冲击和挑战，这促使教师不断进步，也为其提供了工作动力。

在课堂的时间地点管理方面，一些研究者认为学生是课堂学习、课程活动的中心，翻转课堂模式实施过程中中心应该从教师转向学生，授课过程中学生的表现决定着学生在学习过程中的状态。学生在课堂上的自由度越高就会越多地沉溺于新知识，时间和空间的高度自由性使得学生的自主性更强，通过多种多样学习活动和多元化学习模式的开展使学生为自己的学习负责，从依赖教师的模式转型为独立自主的模式。翻转课堂教学模式有利于课堂活动的组织，同传统的教学模式相比，翻转课堂增加了例如独立探究、小组讨论内容。传统的教学课堂中难免会出现学生相互影响的连锁反应，例如有学生扰乱课堂纪律从而影响其他学生的情况，而翻转课堂的出现使教师不再存在于讲台，自由的时间和自由的地点使每个学生都能专注于自身的学习活动中，使教学环境健康向上，学生的满足感和教师的满意度都会有一定程度的提升。一些研究者认为翻转课堂教学模式可以在一定程度上促进教育进步，翻转课堂是一种信息化时代进步的新型教学模式产物，同传统的教学模式相比，将原本单一枯燥的课上听讲课后作业的教学模式转变为课前自学线上内容课上解答自身疑惑的模式。由于翻转课堂模式的出现，教学过程的文档、音频视频等资料得以永久保存，学生可以不受时间和空间等因素干扰随时随地地温习所学知识，可以根据自身的需求获得更加多元化的教育内容，也使得教师和学生的交流沟通更深层次且更有意义。

二、翻转课堂在体育教学中的应用

（一）课前准备阶段

1. 在规定时间内观看教学视频

翻转课堂教学视频可通过如下两种重要途径获得：一是通过互联网搜索合适的教学视频；二是由体育教师自行设计制作教学视频。无论采取何种教学视频获取方式，均需把握如下两点问题：①教学视频时长应控制在 5 分钟左右，最长不超过 10 分钟；②教学视频中的教学语言应凝练，教学内容应紧凑，可清晰呈现主要教学内容。获取合适的教学视频后，体育教师即可要求学生在课前提前观看教学视频。为保证学生的教学视频观看质量，体育教师可提前 2~5 天发布教学视频，但必须保证学生正式上课前完成教学视频观看。

为保证所有学生均于课前观看教学视频，体育教师可要求学生将自身观看教学视频的过程以小视频的方式录下来，然后发送至事先建立的微信群中。这样的做法可对学生起到一定监督和约束作用。

2. 布置课前练习任务

相较其他学科而言，体育学科更具实践性，体育教学中的很多运动技能均需学生反复练习方能真正掌握。因此，基于体育学科的独特特点，高校体育教师仅要求学生课前观看教学视频仍远远不够。在此基础上，还应科学布置一些课前练习任务。

（二）课中教学阶段

1. 回顾教学视频内容

为避免翻转课堂的课前模块和课堂模块脱节，在课堂模块的课堂导入阶段，体育教师可与学生一起共同回顾教学视频内容。此做法可迅速唤醒学生的课前教学视频观看记忆，有利于接下来课堂教学任务的顺利开展。在课堂教学中高校体育教师可以进行一系列的提问，不仅帮助学生回顾了教学视频主要内容，同时亦起到了有效的课堂导入作用，可谓一举两得。

2. 指导学生科学练习

在正式课堂教学模块，引导学生对教学视频进行简单回顾仅是第一步，接下来指导学生对相关技术动作进行练习才是重点。待学生完成准备活动后，体育教师可对相关技术动作进行亲自示范，在此基础上要求学生自主或分组练习，并给予学生科学的练习指导。

（三）课中评价阶段

1. 评价方法和指标

传统教学评价方式多为减分式教学评价方法，以建立负面清单的方式进行小组互评和教师抽检。此种教学评价方式很难激起学生对一项运动的爱好和兴趣，在一定程度上打击了学生的运动积极性和自信心的建立。翻转课堂的目的是建立学生对体育运动的学习兴趣，使学生能够进行自主学习和运动。因此，在评价方式上，应对以往的评价方式有所取舍。首先，在设置评价方式上，以正面评价清单的方式作为小组互评的基础条件。在评价时设置最低完成标准，在此基础上逐项加分，以提高学生完成动作的积极性。其次，在评价指标的选取上，教师应考虑到高校学生的基本体育素质，不以专业标准设置评价原则。主要测评指标应为学生的运动状态和运动积极性，以激励的方式鼓励学生完成课上任务。

2. 评价学生学习表现

体育课堂上，完成上述教学任务后，所剩时间也基本不多。在此阶段，体育教师可组织学生进行适当的放松练习，或组织学生参与一些趣味游戏活动，帮助其放松身心。除此之外，最为重要的一点是：应对学生在整个翻转课堂中的学习表现进行科学点评。研究发现，对学生在整个翻转课堂中的学习表现进行科学点评主要有如下好处：①帮助学生发现自己身上的闪光点和不足，给予学生更多鼓励与赏识；②让翻转课堂得以完美收官。高校体育教师可以以赏识性评价为主，当然，如若有学生在翻转课堂中的学习表现不好，体育教师也应予以适当批评。批评并不是打压，而是让学生明晰自身存在的不足，有助于帮助其端正学习态度，从而更好地促进翻转课堂教学质量的提升。

（四）课后反馈阶段

目前沿用的体育教学模式与其他课程教学模式不同，大多数体育课程不能以作业的形式督促学生在课后进行体育运动，无法提供课后检验标准，从而无法使学生形成肌肉记忆、增强运动协调性、巩固课堂学习成果。传统教学模式导致了学生课后学习动力不足，无法保证每周运动时间，提高体能素质。应用翻转式教学模式，课后环节加强了师生线上互动，既连接了师生情感，又巩固了学生课堂的学习效果，培养了学生的社会责任感。强化了课堂内容，达到了提升情感、热爱体育锻炼、树立社会主义核心价值观的目的。在体育教学过程中，课后反馈能够促进学生知识内化，能够帮助学生建立"课后反思—知识拓展—情感形成"的学习过程，从而举一反三，从意识层面提升学生学习能力和运动能力。在课后反馈阶段，学生能够利用课余时间回顾课堂学习任务，并能够结合自身爱好和特长，利用网络平台自主搜索相关资料，既扩展了学习情境，又能够夯实课堂学习内容，最终使学生运用科学的运动方法进行体育锻炼，以达到终身运动的目的，为实现健康中国的战略目标助力。为此，教师需要在课后反馈环节进行跟踪指导。除传统教学模式中的线下互动方式外，基于互联网技术的线上互动能够对学生起到更为重要的沟通和鼓励作用。线上互动借助多媒体工具展开，不受时间空间场地的限制。课后反馈环节能够强化保持课堂教学内容，树立学生体育运动意识。教师可以抓住当下时事热点，将课堂中的项目式任务融入各种主题活动中，培养学生社会责任感和爱国情怀。

三、高校体育翻转课堂教学存在的问题

（一）学生的体育体验与交流有所忽视

体育课程目标包括五个领域，运动参与、运动技能、身体健康、心理健康、社会适应。在体育教学的翻转课堂中，教师在运动技能、身体健康等可操控的领域投入更多，在课程教学与评价中，教师更注重如何使学生掌握运动技能，如何使学生的身体素质提高等可量化的目标，而学生的运动参与、心理健康与社会适应等关注学生精神与情感的人文性目标则被忽略，课堂中教师忽略了对学生的体育体验、忽略了情感的交流，对培养学生的体育锻炼习惯和终身体育意识存在缺失。

（二）学生课前学习的自主性有待加强

翻转课堂能否有效实施，学生课前的自主学习是关键，体育课前，学生在线学习教师准备的体育课程资源是翻转课堂顺利实施的第一步。学生课前在在线平台进行学习并与教师进行沟通与交流，对基础学习信息进行了解与掌握，教师课堂中就不需要花费太多的时间进行讲解，可以将更多的时间用于体育实践活动中，

从而有更多的时间关注学生在心理健康与社会适应等维度上的教学目标的实现。但是大学生的课程多，课堂容量较大，每位教师为了取得良好的教学效果，都在要求学生进行课前学习、课后复习，学生的学习压力也比较大，公共体育课程翻转课堂的实施，教师要注重对学生自主性的培养，否则再好的教学方法，缺乏学生的配合，都达不到学习效果。

（三）课前学习信息有待提升

教学准备逻辑严谨、教学内容准确的在线学习资料是翻转课堂的前提，运动技术教学注重练习与反馈，最终达到一种动力定型，这不是一个简单的逻辑记忆过程，是知与行的统一，是大脑与身体的协调，一项技术的完成，需要多个部位的结合。例如健美操，一个简单的操作动作，既讲究手臂、手型，又讲究腿与脚的位置，还包括方向的变化与运动的轨迹，甚至还要配合合理的面部表情管理，意识往往只能集中在一个点上，控制住手臂，又忽略了腿。那么在运动技术的学习中，就要循序渐进、讲究先后，还要及时地进行反馈与调节。教师在教学中，不仅要有规范的技术视频与动作要领，还要提高学习方法，明确先练什么、再练什么，最后连贯输出整个动作过程。其间还要对学生的表现进行及时的反馈，经过强化练习，达到动作的自动化。这个过程需要教师花费大量的精力来设计合理的教学视频，对体育教师提出新的要求与挑战。

四、高校体育翻转课堂的实施策略

（一）提高教师职业素养

体育教师作为新兴体育教学模式开展的关键因素，对其职业素养无疑提出了更高的要求。众所周知，体育教师作为课程教学的设计者、上传者、组织者，课前要设计学习目的、学习任务和学习过程，针对教学目标以及学生实际情况和特点选择合适的教学方法，选择适合的学习资源，拍摄制作高质量的视频，还要熟练应用和管理QQ、微信平台，并积极践行课前互动答疑，实现有效及时的在线互动，这不仅需要体育教师付出爱心和耐心制作学习资源、提升课堂亲和力、拥有课堂驾驭能力等，而且对体育教师的职业素养尤其是具备信息技术的运用能力和网络教学资源的整合能力提出了更高要求，这对大部分术科教师出身的体育教师提出了新的挑战。为此，作为推动未来线上线下混合式教学常态化最为关键的力量，体育教师应主动寻求信息化教学技术的培训，不断学习、完善自我信息知识储备，提高自身职业素养。另外，教无定法，贵在得法。为此，要积极引导体育教师转变体育教学范式，实现从观念到技术再到方法上的结构性变化，否则体育课程改革也将流于形式。总之，体育教师要主动适应互联网时代新兴教学模式的新要求，积极推动体育教学模式的不断创新，优化各种在线教学模式应用效果；与此同时也要积极接触国际最新教学内容与方法，形成教研共同体，以团队合作的形式对教学内容、活动设计、组织评价等进行重构，从而增强在线教育的独有魅力。

（二）整合体育教师资源

高校体育教学，以体育项目的运动技术为手段，达到促进学生健康成长的目标。在翻转课堂教学模式下，教师要团结合作，形成教学团队，发挥各自优势，共享教学资源；要取长补短，相互协作，形成合力，设计合理的教学环节、教学步骤，共同打造科学有趣的课前教学信息。激发学生对体育运动的热情，体验体育运动的魅力、参与体育带来的挑战，在运动中锻炼身体，培养人格。

（三）培养学生终身体育意识

身体是革命的本钱，只有具备健康的身体，才能实现个人的理想与目标，为实现中华民族的伟大复兴贡献力量。参与体育锻炼可以提高身体和心理的健康水平，提高社会适应能力，如何让学生真正从体育锻炼中获得健康，并能形成体育锻炼的习惯，形成终身体育的意识，是摆在体育工作者面前亟须解决的问题。在翻转课堂的教学设计中，教师要注重激发学生的学习兴趣，注重学生在体育运动中的运动体验，正确引领学生处理挑战与竞争，帮助学生在运动中体验成就、团结与协作。课堂中增加学生的情感交流、注重学生的情意表现与合作精神。让体育运动融入学生的日常生活，通过体育运动塑造学生的价值观。

（四）提高学生学习的自主性

翻转课堂打破了传统的体育教学中，教师课堂传授讲解运动技术的模式，学生在教学过程中由被动地学，转变为课前的主动地学，教师由教学的主体，转变为课堂的主导。学生借助教学平台与教学信息以及其他学习资源，在与教师面对面的课堂教学环节前，完成知识的学习，达到传统课堂中，教师在课堂上讲授知识、传授技能的效果，这是翻转课堂的前提。这就对学生的自主学习能力提出了较高的要求，自主学习能力依赖于学生对体育课程学习内容的学习兴趣，教师对学习内容的策略指导，以及良好的学习环境。这些都需要教师科学合理地进行教学设计。针对高校公共体育课教学，教师首先要了解学生的个体差异，根据不同的学习动机、运动兴趣，选择适合学生学习内容和教学方法；其次，在教学过程中，要注重对学生学习策略的指导以及培养学生形成发现问题、思考问题、解决问题的思维方式，帮助学生制订适合自身的学习计划，培养学生学会学习；最后，依靠信息化平台，创造良好的学习氛围，引导督促学生完成课前的在线学习任务，促使学生达到良好的学习效果。

第三节　高校体育课程思政教学模式

作为高等教育的重要组成部分，体育课程立足于促进大学生德智体美劳全面发展的目标，具有深厚的思想政治教育内蕴。高校开展体育课程思政建设能够进一步激发体育课程的育人功能和价值，促进大学生全面发展，是新时期高校改进体育课程教学的必然选择。体育课程思政建设，简而言之，就是指将思想政治教育和价值引领贯穿于体育教学全过程。高校加快推进体育课程思政建设将会有效贯通体育教学与思想政治教育，压实压紧学科育人功能在体育教学中的细微渗透。为此，高校要在体育课程思政建设过程中进一步突出育人责任、育人目标、育人功能，特别是要在以落实高校立德树人根本任务的指引下，最大限度地凝聚高校体育教学与思想政治教育的合力，开创高校体育发展新局面。

一、课程思政概述

（一）课程思政的概念

在语义关系里，"课程思政"是由"课程"和"思政"两部分构建组成的偏正结构，"课程"和"思政"这两部分的关系是被修饰和修饰的关系。鉴定"课程"和"思政"的适用范围才有助于规范"课程思政"进而搭建"体育课程思政"的概念。

"思政"即思想政治教育，是一定的阶级、政党、社会群体按照一定的社会或特定阶级的要求，有目的、有组织与有计划地对受过教育的人产生系统性影响，将某些思想、道德规范和政治观点转变为符合社会需求的意识形态、道德素质和社会实践。它普遍而客观地存在于所有国家发展和历史进程中。时代在进步、社会在发展，思想政治教育的范围不断扩大，网络思想政治教育、心理健康教育和法学教育的内容也有所增加，逐步呈现社会化的特征。当它与"课程"结合组成"课程思政"时，明确了"思政"的载体或途径，即专指将现有课程作为开展思想政治教育途径的实践活动。

何谓"课程"。从字面上看，它是指知识和理论的转移过程或者进程。从理论上讲，这应该涵盖大学提供的所有课程，包括实践课程，理论课程以及显性和隐性课程。但当其与"思政"组合时，则与教育学的"德育"或者"学科德育"的概念所类似，在过去指向专业知识教育目标、内容、方法的基础上，强调通过潜移默化的方式将思想政治教育进行渗透的育人理念。

结合上述内容，"课程思政"包括"思想政治教育""隐性课程""实践课程"等关键词，则其含义可以初步理解为，借用课程以及与课程有关联的活动进行思想政治教育的实践活动过程，或者将思想政治教育作为指导思想置于或寓于实践活动的育人理念。

（二）体育课程在课程思政中的优势

1. 蕴含着学生的人格教育

体育课程的核心是体育锻炼、提高学生身体素质，但体育运动孕育了体育精神。体育精神不仅成了体育的灵魂和支柱，同时有超越体育运动本身的身体锻炼价值。随着体育精神孕育的不断深化和发展，它体现了团结和友谊、公平与和平、尊重与关爱、拼搏与永不放弃的追求等精神内涵。这种体育精神正是对学生进行思想道德教育的重要内容，对于提升大学生的道德素养，提高社会整体文明具有重要的作用。

2. 蕴含着我国丰富的历史文化教育

世界体育的发展有着和人类发展一样的悠久历史。体育文化、体育历史是世界文明的重要组成部分。在我国，体育历史悠久且文化丰富，很早之前就将体育作为教学育人的重要内容。在我国古代的"六艺"教学内容中的"射、御"就包含了体育内容，并体现了体育与德育、体育与美育的融合。另外，我国的体育历史中蕴含了丰富的人文知识和文化现象，而体育本身也是一种文化，通过体育开展美育与德育教育是体育教育功能中不可或缺或者非常重要的一部分。

3. 蕴含着大学生全面的理论知识教育

随着人们对体育运动认识的不断深入，体育科学发展日新月异，大学体育课程教学内容、方法等在不断地丰富和完善，体育理念也在不断地更新，运动技能不断创新，与之相适应的体育管理学、体育心理学、运动医学、运动生理学、运动生物力学、体育教育学、体育材料学、体育人文社会科学等都在不断地深入和发展。可以说体育运动的发展正在朝着多领域、多方向不断地延伸。而高校体育课程教学也不再局限于满足学生体育健身要求，而是要求促进学生的全面发展，包括身体的、心理的，还有社会适应方面。而体育这门综合了多学科、多领域的课程教学，对于全面提高学生的理论知识，发展学生多方面的能力具有独特的优势。

二、高校体育课程思政

（一）体育课程思政的概念

"体育课程思政"是"课程思政"的下位概念，即以"体育课程"作为"课程思政"开展的"课程"。就"体育课程"与"课程思政"的关系而论，可以分为几个层次：第一，体育教育包含思想政治教育的因素，人们在进行体育活动的时候，本身就有思政的内容和目标，通过体育活动可以培养良好的德行；第二，体育教育与思想政治教育不可分离，学生掌握动作技能时，含有形成规则意识、团队精神等心理品质，可促进品性进步，而良好的体育精神和体育道德又有助于学生更深层次地领会、掌握动作技能；第三，体育教育与思想政治教育共同服务于全面发展的教育，二者相互促进，并与智育、美育等相协调，最终达到人的身心和谐发展，实现肉体与灵魂的完美统一。体育学科在"德智体美劳"关于人的全面发展的培养过程中具有独一无二的作用和价值，不单单包括体育课程思政建设与体育教学活动，而且囊括在学生参与身体活动的全过程。

综上，体育课程思政可以定义为：在体育实施的过程中，从教育手段、教育内容的选择，到教育组织的方式以及课程评价等各方面，进而实现学校体育课程的思想政治教育功能。

（二）高校体育课程思政的主要内容

在现代思想政治课堂当中主要是培养学生拥有爱国、爱人民、爱劳动、爱科学、爱社会主义的思想。另外，也有将爱党、爱国、爱家乡、爱社会、爱学校作为具体内容。无论哪一种划分，其最终目的都是让学生拥有集体意识，能够为集体付出，并建立集体荣誉感。

高校基础课程思政化和思想政治课程不同，既有丰富的体育技能、技巧、体能、体育项目的教学，又需要有思想政治教学内容，和单一的思想政治教学存在差异性。为了提高学生的学习兴趣，体育教师需要认真地参考《高等学校课程思政建设指导纲要》（以下简称《纲要》）提出的意见，能够结合思想政治教育去挖掘体育课程思政资源形成具体的思想政治教育方法，让思想政治教育和体育教学充分融合，最终提高人才培育质量。

（三）高校体育课程思政的重要意义

1.促进了大学生全面发展

作为德智体美劳五育之一的体育，以体育为核心，融德育、智育、美育等要素为一体。在高校课程思政建设的推动下，体育课程将在马克思关于人的全面发展观的指导下，进一步推进大学生的德智体美劳全面发展。高校体育教学在强健学生体格、提升学生运动能力的同时，还可以让大学生在综合性的身体运动中锻炼心理素质。大学生身心健康发展与心智的成熟离不开运动能力的不断提升，在此基础上，体育课程思政建设将会给大学生带来更有特色的成长体验。具体而言，大学生开展体育活动从遵守活动规范开始，渐渐产生正确的价值追求，形成积极向上的精神面貌，进而在平时的学习生活中，也能自觉遵守社会道德规范。课程思政建设无疑强化了体育学科的育人价值，培养了大学生不怕困难、顽强拼搏的精神和自尊、自信、自立、自强的信念，进一步丰富了体育学科的育人内涵。体育学科在提升大学生运动技术水平的同时，也锻炼了学生的实践能力。此外，有纪律、有组织的体育运动还提升了大学生的思想政治觉悟。例如，在团体性体育项目中，容易自卑、自律性差的学生在同伴和教师的鼓励、监督和帮助下，坚持不懈、勇往直前，逐渐养成了吃苦耐劳、顽强不屈的品格和不断战胜自我的进取精神；在技术要求较高的项目中，大学生认识到坚持就会胜利，磨炼出不怕困难、勇敢克服困难的坚强意志，进而使学生勇于挑战困难，提升心理韧性和心理能力，促进学生全面发展。

2.有利于落实立德树人根本任务

高校体育课程内容十分丰富，特别是体育活动，既有很高的综合性和灵活度，也有很强的规则性、纪律性，能够培养大学生的团结精神。在课程思政建设的推动下，高校体育课程除了能够锻炼学生体格，更能培养大学生的艰苦奋斗信念，使大学生自觉投身国家和民族发展大局中，有利于高校进一步落实立德树人的根本任务。例如，在各类体育项目竞赛中，大学生通过反复练习基本动作技术，逐渐学会用综合知识解决技术问题，养成不怕苦、不怕累、坚持到底的体育品德。在这一练习过程当中，一方面，大学生逐渐将顽强勇敢的体育品德升华为个人的人格意志与道德情感；另一方面，他们还将提升运动能力和加强体育道德认知紧密联系起来，进而在体育锻炼中实现技能外化和道德内化。大学生将体育锻炼坚持到底，除了能够形成乐观向上的道德认知，还有利于培养他们坚强的意志品质，使他们在面对激烈的社会竞争时具备较强的环境适应能力和过硬的情绪调控能力。

3. 有利于大学生高尚体育精神的培养

高校体育学科在课程思政建设的推动下，一方面将促使教师进一步挖掘体育学科的思想政治教育元素，深入、科学地全面总结人类体育史上的优秀思想成果和宝贵的体育实践经验，使大学生心怀更远大的体育梦想投入体育运动的刻苦学习和锻炼中。另一方面将促使体育教师充分挖掘在我国体育事业发展史上写下浓墨重彩的代表性人物和先进团体，如中国乒乓球队、中国跳水队、中国女子排球队、中国体操队的运动员等，学习他们勇往直前、不畏艰险、超越自我、为国争光的典型事迹和优良传统，学习他们不懈奋斗、顽强拼搏、锲而不舍的体育精神，激励大学生在体育学习中形成善于思考、勤于练习、勇于挑战的体育学习方法。除此以外，在课程思政建设的推动下，大学生可以在团体性的体育运动中更善于服从纪律、勇于承担责任、乐于完成团队任务、维护团队集体荣誉，为塑造大学生高尚的体育精神奠定坚实的基础。

（四）高校体育课程思政的育人目标

体育课程的育人目标主要包括运动参与目标、运动技能目标、身体健康目标、心理健康目标和社会适应目标。在当前课程思政理念下，对于体育课程育人目标应该强化课程思政理念，突出思政育人特性。

1. 运动参与目标

学生通过课程学习，能够形成良好的体育锻炼习惯和正确的行为态度；能在运动参与中互帮互助，共同提高；具有较高的体育文化素养和观赏、鉴赏水平；了解体育项目的发展、明确体育健身、强国精神。

2. 运动技能目标

积极提高学生运动技术水平，发展运动才能的同时，让学生能参加有挑战性的运动竞赛，培养学生不畏困难、勇于拼搏的奋斗精神以及团队协作的集体主义精神。

3. 身体健康目标

培养学生终身科学锻炼的习惯，全面发展体能，提高自身科学锻炼的能力，练就强健的体魄，向学生传授"中国梦""体育强国梦""全民健康""健康中国""体育强则中国强"等重要观点及思想。

4.心理健康目标

在具有挑战性的运动环境中表现出勇敢顽强的意志品质，培养学生集体主义和爱国主义情操。

5.社会适应目标

培养学生健全的人生观和价值观，形成良好的人格魅力和行为习惯，主动关心、积极参加社区体育事务。

（五）高校体育课程思政的具体实施

教育部门对高校体育教师形成教学要求，给出的高校体育课程标准，是该部门经过广泛调研，并结合目前高校学生体育学习问题给出的指导性文件。而体育课程思政的实施路径，是将教学要求、体育课程标准、现代思想教育融合的关键，决定着高校能否实现"文明其精神，野蛮其体魄"这一高级教育目标。这其中还需要认真领悟《纲要》提出的政治认同、家国情怀、文化素养、宪法法治、道德修养五部分来形成具体的思想政治课程内容供给。所以，这需要体育教师在了解体育课程标准、体育课思想政治化重要性基础上，能够较好掌握学生状态，并因此而形成具有特色的思想政治融入途径，这是保证"文明其精神，野蛮其体魄"这一体育教学目标得以达成的关键。

1.分析学生的具体情况

学生的思想水平如何，他们是否喜欢体育课，喜欢什么样的体育课，喜欢哪些项目，这些项目又具有什么样的作用，在这些项目里如何融入思想政治教育，等等，这些都是体育教师需要明确了解的。体育教师可以通过面对面交谈、调查问卷等形式来展开调查。这样可以获得学生的思政水准，并明确他们喜欢的体育项目名单，利于教师统筹分析，围绕这些项目进行必要的体育课程思政实践。例如：如何提高体弱学生的体育学习积极性，并且在思政环节提高他们对人生的认识，改变过去比较保守的理念；如何让体质好但不懂得配合、谦让的学生认识到合作、尊重他人的重要性；等等。

2.培养高校学生的政治认同

政治认同是高校体育思想政治的目标之一。如今高校学生受多元思想影响，对政治缺乏认识，故而政治操守并不完善。正因为如此，教育部的《纲要》才将高校基础课程思想政治化首要目标确定为政治认同。想要高校学生在体育课开展过程里形成政治认同，第一关就是保证大学生的学习兴趣，第二关是寻找体育课和政治认同的关联，形成特有的教学方法，最终作用于学生的政治思想。综合所有教学方法，"红色体育"既具有体育属性，又具有政治教育意义，故而有必要成为实现"政治认同"的最佳教学方法。红色体育指的是抗日战争以及解放战争时期，中国共产党于抗日根据地以及解放区推行的体育活动。其中包含了革命前辈的乐观精神，这种精神激励着无数人投身抗日战争以及解放战争当中。红色体育是我国独有的教育资源，应该将其和高校体育教学融合，是集合体育教学、思想教学的最佳途径。

3. 培养高校学生的家国情怀

体育当中富含强烈的家国情怀，奋斗于国际赛场的体育健儿往往会成为人们的关注对象，让人们为他们的表现而欢呼，这一时刻体育和国家荣誉的连接是十分紧密的。基于此，在体育教学当中教师要结合体育项目，将体育健儿于国际赛场拼搏驰骋的画面展现在每一位学生的眼前，让他们被健儿们的表现所感染，进而培养他们的家园情怀。

4. 提高高校学生的文化素养

文化素养培养和体育教学、思想政治教育都有紧密关联，三者完全可以很好地融合到一起。其中学旅结合便是非常好的形式。在具体操作当中，教师可以带领学生深入农村参加较为原始的民俗体育活动，甚至可以体验非遗体育活动，深入了解非遗文化，帮助学生建立文化自信。在旅游中打开视野、体验民情，在体育活动里感受生命活力。在旅途中教师展开必要的思想渗透，培养学生彼此尊重、团结合作的意识，带领学生参与劳动，建立学生的劳动素养。可以说，学旅结合的体育教学方法，可以达成"文明其精神，野蛮其体魄"这一高级教育目标。

5. 在体育教学中融入社会法治教育

体育科目思政化，并且要融入社会法治教育，具有一定的操作难度。纵观各类创新方法，校企联合具有这样的融合优势。这里所谓的校企联合，指的是高等院校和社会企业经常性地举办体育比赛，形成联谊关系。通过这样的联谊关系可达成以下目标：一方面，校社联合为高校学生了解社会，特别是了解未来就业企业氛围提供了机会，在比赛活动中和社会企业员工、行政机构办事人员建立良好的友谊，通过他们获得宝贵的职场经验，尤其是一些劳动纠纷的解决方法，捍卫自身合法权益的手段，等等；另一方面通过这样的体育活动，能够提升高校学生社会交往能力，提高他们的社会适应力。

三、高校体育课程思政建设原则

（一）坚持全面发展原则

高校教育中，立德树人应当融入思想道德教育、文化知识教育、社会实践教育的各个环节中。思想政治课程是落实立德树人根本任务的核心课程，其他学科要与思政教育相结合，才能更好地完成立德树人的根本任务。教师要充分挖掘体育课程的思政教育资源，根据时代发展趋势与未来变化，让学生正确认识当今世界的发展变化，正确认识当今青年人应担负的责任使命，培育学生树立远大的理想信念与脚踏实地的工作作风。"晓之以理、动之以情"，教师通过言传身教，培养学生树立"四个自信"，实现中华民族伟大复兴中国梦的自信心。校园文化建设要结合体育精神、体育运动规则等，营造奋发向上、勇敢拼搏的校园文化氛围，实现文化育人。通过奥运会等赛事中的感人事迹与运动员的拼搏精神，让学生学习和树立敢打敢拼的"女排精神"等，进一步提升体育教学效果。

（二）坚持教师教育主导原则

人才的培养，关键在教师。这就要求教师要有较高的政治素养、良好的价值观念、过硬的教学能力、较高水平的专业技能。高校教师要树立以德立身理念，重视言传身教，树立远大的教育理想，形成高尚的道德情操，自觉做先进思想文化的传播者，成为学生成长道路上的引路人。因此，高校在招聘教师时应当严格把关，聘用政治过关、能力过硬的教师。通过培训、自学与实践等方式，激发与加强教师队伍活力。

（三）坚持社会主义核心价值观引导原则

高校教育教学为落实立德树人根本任务，在教育教学实践中要回答好培养什么人、怎样培养人、为谁培养人的根本问题。互联网的发展与对外开放的力度不断加大的背景下，多元思想文化交流、交融与交锋愈显激烈，在高校体育思政建设中，只有毫不动摇地坚持党对高校教育的全面领导，毫不动摇坚持社会主义核心价值观的科学引领，才能将体育教育与思政教育有机融合，才能将教书育人和国家发展、民族复兴紧密联系。思政教育应当融入高校体育课程的全过程，实现全员育人、多角度育人、全过程育人，从而更好地培养品德高尚的社会主义建设者与接班人。

四、高校体育课程思政建设和实施中存在的问题

（一）评价机制有待完善

部分高校体育课程的评价机制制约了课程育人功能的发挥，主要体现在以下两个方面。一是部分高校考核体育教师时将重点放在教学能力方面，忽视体育教学中对于思想政治教育元素的渗透。例如，高校在考核体育教师教学时，更关注其是否遵循体育教学规律、重难点是否突出、运动技巧讲解是否清晰明了，很少关注教师挖掘思想政治教育元素是否充分，融入是否充分、到位。二是很多高校评价大学生体育课程学习，更关注学生运动技能的提升，很少关注学生的思想道德素养。例如，高校在评价大学生体育学业水平时，多以户外体能测试的形式来重点考查学生对于运动技巧和技能的掌握，很少考查和关注大学生的思想道德状况。

（二）体育精神引领有所忽视

目前，部分高校忽视体育理论学习，体育教学不仅缺失体育精神的引领，而且缺少价值引导，特别是在体育团体项目的训练中体现尤为突出。例如，在一些高校举办的联谊性足球比赛中，部分大学生无视"友谊第一、比赛第二"的体育精神，在发现对我方的进攻和防守不利时，不惜以故意违反比赛规则为代价，来阻碍对方赢得比赛胜利。比赛结束之后虽然不少体育教师会向学生强调"友谊第一、比赛第二"的重要性，但是并没有借此机会向学生深刻阐明为什么要做到"友谊第一、比赛第二"，没有让学生意识到团结友爱、互帮互助等体育合作精神的重要性，错失了对学生进行正确价值引导的机会。再如，在篮球比赛中，一些体育专业大学生过多考虑自己发挥，忽视团队协作，一旦拿到篮球就希望一人独揽，即便知道自己没机会进攻，也不愿将球传给队友，这是一种狭隘的英雄主义表现。究其原因在于，体育教师在日常教学中忽视体育精神引领的渗透，最终造成部分学生缺乏团结协作的体育精神。

（三）体育课程思政建设有所忽视

当前，不少高校从领导到体育教师再到大学生，对体育课程思政建设不同程度地存在理解不到位的情况。从高校领导的角度看，部分高校领导对体育的理解局限于体能锻炼和体育学习的范畴，认为体育只是"育体"而已，与"育德"无关。从高校体育教师的角度看，部分教师将教学重点放在了提升大学生的运动能

力方面，重视户外体育训练，以锻炼体能耐力、爆发力、反应速度、敏捷度为主，忽视了室内体育理论课学习。从大学生的角度看，由于学校开设的体育理论课本来就少，再加上教师不重视学生体育理论的学习，造成部分大学生难以理解体育理论知识，学生的体育品德、体育精神水平发展受到制约。这导致高校即使开展体育课程思政建设，却也无法充分理解课程思政建设的深刻内涵，无法充分挖掘体育教学中的思想政治教育元素。很多大学生受到体育教师观念的影响，平时学习只注重体育锻炼和体能考核，意识不到思想道德的重要性。

（四）教师课程思政建设能力有所欠缺

1. 部分教师缺乏课程思政建设能力

当下，部分高校体育教师欠缺体育课程思政建设相应能力，具体体现在以下三个方面。一是很多体育教师尚未深刻理解和把握思想政治理论。有的体育教师在体育教学中无法及时、准确地融入精神引领和价值引导，更有甚者，直接将思想政治教育元素生搬硬套到体育教学中，导致高校体育课程不伦不类。还有的教师将精神引领和价值引导七零八碎地融入体育教学中，忽视了课程思政建设的体系化，导致大学生难以科学构建系统的价值理论体系，致使体育课程难以有效发挥育人功能。二是部分体育教师在体育文化的运用和积累方面明显不足。部分体育教师体育运动技能过硬，但对于体育文化缺乏充分挖掘与深刻把握，寄希望于这部分教师开展体育课程思政建设显然困难重重。三是部分体育教师不擅长从中西体育史中挖掘思想政治教育元素。原因在于不少体育教师在日常教学中更关注大学生是否达到了国家要求的体能标准，想方设法提升大学生体能，很少愿意花时间和精力沉下心来深入挖掘体育史中的思想政治教育元素。

2. 体育教师缺乏创新意识

大部分高校体育教师对体育思政化较为排斥，不能主动了解体育课程思政化的意义，不去了解学生学习动机，故而生硬地将体育、思政捏合。另外他们也不擅长利用信息手段去影响学生思想，平时没有与学生交流互动，导致自身威望不够。

（五）社会对人才的需求忽视思想教育

当市场存在需求供给方便会积极生产产品以满足需求。人才供给也是如此。目前社会企业存在明显的"能力论"，认为能够给企业创造利润的就是人才，对人才的思想境界等缺乏评价。这样的用人环境，不能迫使高校院校重视思想教育教学，学校仍然以技能学习为主，对体育课程思政实施缺乏研究。

（六）高校学生忽视思想政治方面的学习

高校学生只是较重视专业学习，认为专业学习可以让自己有一技之长，而相比来说思想政治教育是意识形态，难以捉摸，看不到短期效益。在一直以来的应试教育之下，学生都形成了顽固的"体育无用论"，对体育尚且缺乏兴趣，对融合了思想政治教育内容的体育课更有一种排斥心态。

五、高校体育课程思政优化策略

（一）提高教师的综合能力

1. 体育教师以身作则

体育教师作为体育教学的参与者、组织者和执行人，其自身"以德立身，以德施教"的人格魅力对于提高学生的思想认识都有潜移默化的影响。体育教师要做到"学高为师，身正为范"，将"有理想信念、有道德情操、有扎实学识、有仁爱之心"作为自己从事教师职业的价值追求，不断提升自我的思想道德修养，热爱学生、热爱教育事业，爱岗敬业。在职业教育中不断充实自己的知识技能，改善教学方法，提高自身教学能力，让自己的教学能够满足学生在运动素质提升、运动技能获得以及精神方面的需求。教师通过自身坚实的教育知识技能、良好的人格魅力，不断培养学生优秀的思想政治品质，这也是高校体育思政课堂提升学生良好思想道德修养，培养良好道德情操的重要途径。

2. 体育教师创新教学方法

丰富教学方法，做到思想政治教育的春风化雨。生硬的说教自然无法唤醒学生内心的反省，反而会徒增他们的反抗。故而体育教师必须要创新课堂，通过以赛促学、学旅结合、红色体育等具体方法来渗透思想教育，通过这种反复的暗示和影响，最终唤醒学生的共鸣。高校的党支部也需要发挥功能，联合体育教师开展各类具有教育意义的体育活动，通过集体学习来酿造浓厚的思想政治学习氛围，带动所有学生去学习理论。

3. 提高教师课程思政的能力

为切实推动高校体育学科向课程思政建设的方向阔步前进，体育教师必须着力提升自身在课程思政建设方面的改革创新能力。首先，高校要下大力气转变体育教师固有的育人认知，使广大体育教师深刻认识在体育课程中融入思想政治教育的重要性。只有体育教师转变育人认知，才能将育体与育德有效对接，才能在广大体育教师群体中达成立德树人共识，将体育课程思政建设落到实处。因而，转变体育教师育人认知，是推动体育课程思政建设的重要基础。其次，在转变教师育人认知、达成立德树人共识的基础上，高校要进一步使体育教师认识到育人和育体的重要性，鞭策他们在具体教学中既要抓好对大学生的价值引导和道德教育，也要抓好对大学生运动技能和健康体格的培养，坚持两手都要抓、两手都要硬，使大学生不仅身体素质获得有效增强，而且道德素养也得到提升。最后，为进一步深化体育教师的认知转化程度，高校要督促体育教师养成每日反思自身教学思维的习惯，促进自身认知从量变到质变。具体来说，体育教师要每日反省自身在教学中是否只关注大学生体育知识和技能的掌握，而忽视了对学生正确体育意识和体育精神的培养。体育教学观念直接关系到教师体育课程思政创新建设的实际成效。

4.增强体育教师的创新意识

体育课程思政的建设和实施，都是建立在教师能够高度理解体育课程思政化这一基础上的，而事实上大部分体育教师并未拥有这样的深刻认识。为了让高校体育教师认识到体育课程思政化的重要性，并且让他们提升教学的创新水平，需要高校推出严格的绩效考核，通过这种利益捆绑的方式来驱动他们于体育课融入思想政治教育并创新教学方法的积极性。教师本人也要全面看待新时代体育教学，认识到师生关系的重要性，能够主动利用微信等工具和学生交流，以此来了解学生体育学习需求，为后续体育课程思政的实施提供前提。

5.加强高校体育教师队伍建设

开展体育课程思政建设的目标在于有效提升学生的道德素养和身体素质，这就对高校体育师资建设提出了更高的要求。高校必须加强体育师资建设，着力提升体育教师的教研能力，提升体育学科在育体、育德方面的综合性育人功能。

（二）充分挖掘和运用思政元素

1.挖掘不同体育项目的思政元素

不同的体育项目其产生和发展以及在发展历程中所衍生的体育文化是不相同的。体育教师要善于挖掘不同体育项目中的思政教育元素对学生进行思想政治教育。如武术、太极拳、八段锦等中国民族传统体育类项目是具有中国传统文化的体育项目，不仅反映了我国的民族历史沉淀文化，同时也是我国不同民族特色生活的重要组成部分。通过民族传统体育项目挖掘思政要素，发展学生民族精神：

如乒乓球项目，可以通过乒乓球在我国的发展过程，特别是"乒乓外交"事件以及我国乒乓球项目在国际上的地位等对学生进行思想政治教育，培养学生爱国主义情操和民族自豪感；如跆拳道、武术、瑜伽等项目可以从项目礼仪中挖掘学生思政教育元素，培养学生讲究礼貌礼节，帮助他们塑造良好的形象；如篮球、排球、足球等团体竞赛性项目，可以挖掘项目团队协作中的思政元素，培养学生团队合作意识，形成集体主义精神；等等。

2. 将思政元素巧妙地运用到体育教学中

为了提升体育课程思政建设的实效性，体育教师要充分挖掘思想政治教育元素，并将其巧妙融入体育教学中，使大学生切实体会到体育的人文魅力，提升思想道德素养。具体而言，体育教师要根据每位学生不同的身体素质、体育天赋和不同的思想道德水平、思维方式等，为每一位大学生选择适合其实际情况的体育学习项目。这样一方面能调动大学生参与体育项目的积极性，使他们在个人项目训练中更加专注，更加积极努力地实现自身价值，在团体项目训练中更愿意与他人合作，展现出勇于拼搏的精神；另一方面，大学生在师生交流中更能树立起强大的自信，培养乐观进取的心理品质。

（三）完善高校体育课程思政评价

体育课程思政创新建设离不开对体育课程思政建设评价体系的完善，全面衡量育体与育德的成效。第一，体育课程思政建设评价体系要重点突出课程思政导向，全面评价学生的综合素质，既要考查大学生的运动技能水平，也要考查学生的思想道德转变情况。具体而言，体育课程思政评价体系要符合体育学科的专业特征和思想政治教育规律。一方面，作为专业性较强的学科，体育课程能够让广大学生在运动实践中体验到成功与失败、合作与冲突、放松与紧张等情绪，为思想政治教育的融入做好铺垫；另一方面，思想政治教育的渗透性为其融入体育教学全过程提供了基本条件。完善体育课程思政评价体系的目标就在于充分利用体育学科的专业特点，激励体育教师在教学中深入挖掘思想政治教育元素，让大学生在充满竞争与合作的体育学习情境中练就运动技能，形成积极向上的价值观念。第二，在建立体育课程思政评价体系的评价标准时，高校要充分兼顾体育教学的实际情况和思想政治教育的要求。在体育项目教学中，项目不同，教学特征不同，故而设置评价标准需要充分考量某一特定的体育项目教学对于思想政治教育的价值，缩小体育项目教学与思想政治教育的学科差异，最终将对育体与育德的评价统一纳入体育课程思政评价标准中。第三，在选择体育课程思政评价内容时，高校要根据体育课程思政建设的实践进展情况，实事求是。同时，高校要将体育课程思政建设中的资源利用、教学成效和协调统筹等作为重要的考量内容。

（四）灵活运用体育课程思政教学方法

体育教育教学方法是对学生进行思政教育的重要保障，教师在教学中从学生自身特点出发、积极分析学生的思维方式，选择多样、合理的教学方法，对学生进行思想政治教育能够发挥体育课程思政的项目优势，起到对学生进行思想政治教育最佳的教育效果。例如，在篮球、排球、足球等同场对抗性团体项目教学中，可以运用比赛教学法。在比赛中通过各项规则的教学与判罚，让学生尊重游戏规则，尊重裁判的判罚，培养学生规则意识。通过比赛中的技战术配合教学，培养学生的团体合作意识。通过比赛中每一个球的争抢和比赛的胜负奖励培养学生抗击挫折的能力和永不言败、顽强拼搏的意志品质。如在田径课程教学中，采用心理暗示、启发式教学方法培养学生超越自我、实现个人价值的精神。另外，可以根据各种体育项目国际国内最新动态，结合我国运动员在奥运会等国际赛事中取得冠军站在最高领奖台上、奏国歌等这些主题材料，在体育课堂教学中开展形式多样的爱国主题教育，培养学生爱国主义情操和民族情感。

（五）充分利用体育课堂常规和教学场地条件

体育课堂常规是区别于其他学科课程的重要教学环节，也是保障体育课堂能够顺利开展教学的重要保障。通过体育课堂常规的要求，教师严格执行考勤，能够培养学生良好的规则意识和良好的纪律观念，是对学生进行文明礼貌教育以及组织教育的重要思政教育途径。在课堂常规中，让体委或者其他具有积极参与态度的学生来参与教学的组织过程，能够培养学生的责任感。同时通过课前与课后的借、收、还体育器材，鼓励学生为班集体服务，能够培养学生乐于奉献的集体主义精神和爱护公物的良好品质。

体育课堂教学受教学环境及场地的影响较大，特别是一些在室外进行教学的项目，时常会遇到酷暑、严寒以及大风等恶劣天气，对于一些体育器材基础设施差的学校甚至还会遇到场地破旧、器材缺乏等问题，学生需要端正学习态度，不畏艰难，克服气候及场地器材缺乏等带来的锻炼困难并坚持进行学习。而作为教师也要时刻留意学生的思想情绪动向，进行积极的引导和教育，培养学生良好的体育锻炼品质。

第四节　高校体育线上线下混合式教学模式

在充满信息技术气息的氛围中，高校也在不断顺应时代发展要求，对传统教学模式不断调整和改进，在教学实践中不断探索，在探索中不断创新，为"互联网＋体育"的教学模式不断寻找新的方向。

传统教学模式是体育教师讲解示范—学生学习和练习—评价—考核—结束内容学习的一个过程。这种教学模式不仅耗时长，教学和互动效果较差，而且在遇上难度较大的技术动作时，不利于分解练习和动作的讲解示范。而移动互联网在高校体育教学中的有效应用，能让在线教学作为一种新的教学方法和手段，有效地弥补了传统线下教学的不足，从而显著提高高校体育教学的综合性和有效性。因此，将移动互联网应用于高校体育教学的过程中，充分发挥线上＋线下教学的新模式，运用行动导向教学法，促进高校体育网络教学模式的普及。以网络视频为导向，促进线上教学与线下教学的有机结合，促进学生充分发挥自主性，让学生在真正意义上成为教学的主体，使教学活动有效地服务于学生的学习，满足大学生对体育学习的真实需求，进而不断提高高校体育教学的效果和质量。

在教学过程中，把难度系数较大的技术动作通过 ppt 等形式展现出来，让学生在脑海中建立起动作的完整且标准的表象，明白技术动作的要领后再去学习，以保证学生技术动作的完整性和正确率。以网球为例，网球教学过程中，教师可通过制作视频让学生独立学习网球的理论知识和动作技能。通过这种方法，可以有效地提高学生的学习自主性，形成良好的网球基础。且教师可根据学生的实际学习情况指出并纠正不足之处，使学生能够牢牢掌握网球运动。这样一来，不仅能有效地培养学生自主学习的习惯，激发学生对体育的热情和积极性，还能让学生对自主学习所掌握的内容和动作技能留下更深的印象。

在此基础上，教师还可建立微信或 QQ 课程讨论组，让学生将完成技术动作的视频发在群里，在轻松活跃的氛围中分享信息、视频传送、围观讨论、发现和解决问题。教师则可通过其对学生把握运动技术的情况有进一步的了解，进而能针对不同学生的不同问题进行有针对性的指导。与此同时，高校体育教师还应根据实际情况结合每个学生在各个阶段的不同表现，将与现阶段学生学习状况匹配的微课程融入课堂中，以此实现学生身体素质的加强。

可见，线上＋线下的混合式教学，不仅能促进高校体育教学质量的显著提高，而且能构建出更为高效、便捷、科学合理的教学模式，对推进我国高校体育教学改革和创新具有重大的现实意义。

一、线上教学

（一）互联网技术在体育教学中的应用

1. 互联网技术

（1）基本概述

互联网也被称作国际网络，属于传媒领域。互联网是由网络和网络之间的互联共通，打造出的庞大网络体系，建立在通用协议的基础之上，构建起富有逻辑性的巨大国际网络。互联网的前身是 1969 年诞生在美国的阿帕网，之后便被广泛地运用至实际生活中。互联网之上，人们可以畅所欲言，运用信息途径，实现在线聊天、游戏和查阅等目的。最为关键的是，互联网技术的重要支撑下，广告宣传及购物能够顺利进行，极大地便利了人们的生活，让人们的工作也拥有了理想的支撑点。互联网的庞大信息库中，人们可以各取所需，实现有效的学习和工作。纵观当前互联网的实际应用情况，有数以亿计的人应用着互联网技术，除使用互联网进行聊天外，还可对外界事物进行详细的了解，进行网上购物等。有些店家和商铺，会通过互联网进行宣传，这也让很多新兴行业顺利诞生，如网络营销的出现，使得人们的生活和工作受到一定的影响。移动互联网的基本概念常常在工业和信息化部发布的权威白皮书中被明确提及，移动互联网重点是将移动网络的基本手段作为有效的途径，以便提供合理化的网络接入服务。重点涵盖三个方面的要素：移动网络平台、移动终端技术以及应用服务协议。当前，移动终端技术主要是由手机以及平板电脑共同组合而成，相关技术的稳步发展和合理运用，推动了移动互联网终端的发展和相关技术的应用，成了人们信息联络的科学化途径。当前，移动互联网实际发展的进程中，人们在任何时间、任何地点均可使用相关技术，感受着互联网营造出的良好空间，获得更加理想的体验。

（2）基本特征

①突破限制

以往的信息交互多会受到时间和空间的限制，若是未能对其进行科学的规范，势必影响到交互的成效，需正视新时代新技术的利用价值，突出其基本的定位优势。互联网技术在实际应用的过程中，可以突破时间以及空间的限制，完成有效的信息交换。互联网构建起了相对完善的地球网，使得全球人的信息互联，不管是任何地方仕何地点，均可通过互联网技术获取想要的资源，打破原有的时间和空间限制。

②时域性

信息交换体现出时域性特征，同时拥有着较快的更新速度。人们利用网络技术，可以及时地将全国各地的新闻加以获取，打破以往传统沟通模式的局限，使得信息传递更加快捷。

③信息互动性

在互联网技术的支撑之下，信息的互动性更加明显，能够让人们借助相应的网络手段，及时地突破沟通的界限，在网络上进行交流和分享，保证了基本的效率和质量。

④成本低廉

互联网技术的支撑下，信息交换的实际成本相对低廉，通过合理运用信息交换，对实物交换加以取代。信息交换的发展呈现出个性化的趋势，极易达到个人的个性化标准，因此取得了广大受众的认可。移动网络技术和移动终端技术等的联合应用，使得互联网消费者被合理地串联在一起，彰显出个性化和独特性的特点。网络技术能够让不同客户的基本需求得以满足，网络服务的个性化选择也可让人们获取不同形式的服务体验，通过多元化的渠道，促使着人们使用的目的顺利实现。

2. 互联网与体育教育

互联网与体育教育的融合即可简述为"互联网＋体育"或"互联网＋体育教育"，虽然这种融合拥有着崭新的名称，也代表着相跨两界所形成的崭新领域，但实际上其囊括的理念和内容对于体育教育领域的学者来说并不陌生。在信息时代的当下，互联网在线教育平台的存在已为人们所熟知，这是一种"互联网＋教育"的良好融合产物，并且它们的发展正在学习群体的需求驱动下逐渐走向成熟。相对应的，互联网上也有可供用户搜索、浏览与学习体育相关信息与知识的在线教育平台，这便是一种"互联网＋体育"的实际体现，也意味着专门的体育类网络在线教育平台其实并不需要从零开始打造。根据本学科的发展和课程各阶段的要求与目标，教师可以在现有各种在线教学平台中选择出合适的平台，结合线下教学团队成立专门的优秀人才队伍集中打造创新形式的体育教学课堂，当然也可综合选择不同的教学平台，取长补短，配合线下以实现相较于传统体育教学更为理想的教学质量与效果。在教学平台后端支持用户浏览与学习的是一系列学科电子知识资源库，那么建设体育线上教学资源库实际也无须从零开始，教学团队完全可以利用在线教学平台本身具备的网络技术条件，结合各高校储备的教学资源、科研成果等教学内容，做好内容整合，建设符合需求的在线课程、学生自主学习教学模块等。由此则可构建出多元化、全方位、多维网络教学环境，形成网络大数据支持的学习策略指导和个性学习计划，使得互联网与高校体育教育的融合逐步走向高层次、更深入的发展，让以人为本的个性化线上教学真正得以落地实施。

3. 互联网技术在高校体育教学中的必要性

高校体育教学中，学生对于基本课程内容的理解呈现出多元化趋势，因此需要重视教学质量的进一步深化，提出科学合理的教学策略，这是当前教育工作者应该重点关注的问题。针对互联网技术在高校体育中的应用，教师进行研究的时候，不可一味地按照既定的模式分析，还需结合深层次信息技术和基本的教学理念，深化实际的影响，明确互联网技术在课程应用中的内涵。从理论层面分析，借助互联网技术，可以让高校体育课程的建设步伐明显提高，同时还可在原有教学基础之上，让教师获取多样化选择，也就是在根本上优化教学的路径，针对以往的填鸭式教学加以创新。在实践层面上，依托互联网技术，丰富的体育教学资源得以呈现，也可为高校体育信息化建设提供有力的依据，整合信息教育的整体运作模式，拓宽相应的发展途径，促使高校后续体育教育事业的进步，拥有更多的宝贵经验。高校体育教学工作实际开展的阶段，应该积极地重视一些细节性的问题，明确高校体育教学和互联网技术相互结合的意义。首先，可以让高校构建起较为完善且丰富的课程体系，开展多种多样的训练活动，使得当代大学生拥有更加积极的姿态，努力参与到训练实践中去，深化对于体育的认识。其次，通过科学使用互联网技术，让网络中的丰富教学资源得到合理运用，高校也可积极地开展教学活动，打造网络化课程，除传播体育训练技术外，还可引入体育文化知识，深化学生的基本人文意识。最后，可强化学生的核心竞争力，特别是借助互联网，弘扬正能量，推进高校体育教学模式的创新进程，为国家体育教育事业的蓬勃发展助力。

4. 互联网背景下高校体育教学发展趋势

21 世纪的互联网技术为目前全国的体育院校提供了比较大的资源储备，在教学内容的安排和教学过程组织方面有着更多的学习对象，为目前的教学开放了较为新颖的技术手段以及结构组成。互联网可以使目前高校所接触的教学效率大幅度提高，教师能够使用准备的教学资源来进行组织教学，并且根据学生的能力和特点进行差异化教学，从而提高教学效率。因此，全国体育院校的"互联网 +"方式的教学改革可以尽可能使教学内容的量更加充沛，对于开阔学生的眼界和创新方法都有很大的帮助。

体育院校的传统教学模式会把教学捆绑在教学的组织过程中，网络录播形式的教学模式出现后，传统的体育教学模式和教学工作受到了很大的冲击，体育高校在现代化教学方面的改变已经迫在眉睫。如此就能使高校的教学和教学的对象——学生不受时间和地点的限制能够利用较为自由的时间来进行学习。担任教育教学的工作者在组织教学进程中尽最大可能地传播这些较为先进的教学经验和理念，保障受教育者取得相对好一点的资源。只有这样才能够实现高度的资源共享，拓宽体育教学的范围以及时效。事实上，教育教学的维度和时效，只有通过这样的方式才能得以提升。

在体育动作的教授过程中，电脑技术的应用可以让教育者根据受教育者对知识的理解能力和规律来实施教学，并且可以根据学生掌握运动技术的特点来进行运动技术传授，保障教学过程的多元化发展，协助学生快速地学会运动技能以及理论知识。

差异化教学指的是受教育者根据学生的性格特点、身体条件以及学生对理论知识的掌握程度，基于教学活动来使每个学生的潜力得以充分发挥。体育高校的"互联网＋"教学的改革就可以为受教育者提供更好的学习资源，然而差异化教学的前提就是使每个受教育者具有公平受教育权力。体育高校的"互联网＋"教学改革可以为教育工作者构建一个差异化教学资源体系，帮助他们最终达到教学目标。

5. 互联网技术在高校体育教学中的应用

（1）教学方面

高校体育教学中，为了科学地运用互联网技术，教师应该将和谐体育视作重要的条件，完成对教学方向的科学把控。教师在日常工作中，需要结合现代互联网的基本模式进行分析，科学引导学生，深化体育教学的基本价值。教师应该将互联网当作条件，合理设置在体育课程环节中，深刻认识互联网价值，保证体育教学收获更加圆满的成果。比如在篮球教学中，教师可以利用互联网技术搜索和男篮相关的视频资源，在这样的前提之下，针对篮球运动员的技术以及比赛战略科学分析，由此拓展体育教学的实际内容，调动起学生的学习主动性。另外，还可将篮球比赛视频资料当作切入点，完成对学生爱国主义精神的弘扬，学生可以清楚了解体育运动与国家的密切关联，主动承担起维护国家尊严的重担，以免教学中产生方向偏离的情况。

（2）课程设计方面

高校体育教学中，教师也可适当地融入和谐教育的思想，将其作为重要的切入点，强化体育教育的时代性，使得学生可以主动地接受信息化学习氛围。传统高校体育课程教学中，教师通常会传授理论知识，但是该类教学方案，仅能保证学生的知识水平，无法满足学生对于体育技能的基本需要。新课改背景之下，高校应该打造优质课堂，借助互联网技术让学生运用全新的学习平台，通过积极发展第二课堂的优势，使得体育教学的基本目标顺利实现。比如，教师可以在体育教学平台上上传和体育技能动作标准相关的信息资源，便于学生的查阅和使用，让其利用电脑客户端或者是手机移动端等，完成对知识资料的下载，利用课余时间主动参与到体育训练中，突破传统体育教学模式在时间以及空间的界限，突出互联网技术的教学优势。教师可在体育教学中引入自动化软件。互联网深刻影响着现代教育，改变着教育方式。在互联网背景下，体育教师可灵活运用基于互联网发展起来的各种软硬件开展教学工作。如使用 Word 写教案，使用 Excel 统计数据，与相关软件公司合作，开发符合自身特点的学生体质监测系统、运动会成绩管理系统等，借助互联网有效提高体育教学效率。教学过程中，教师也可应用微信、贴吧、论坛等网络交流工具与学生进行沟通探讨，了解学生运动兴趣与需求，立足学生实际完善、充实教学内容，提高体育教学水平。

（二）高校体育线上教学资源

"互联网 +"时代的到来使利用现代网络技术改造优化教学成为可能，目前，高校大学生的日常学习手段、知识获取习惯及解决问题方法正逐渐趋向网络化，这也表明教学信息化改革的条件和时机更加成熟。优质体育教学资源在网络共享的支持下才能发展得更远，现代教学理念更不能脱离了网络环境，先进教学规律一定要跟上时代的步伐、适应时代的特征。所以教学改革的重点逐渐指向革新效能相对低下的传统教学模式，目的则是优化教学效果，培养学生的自主学习、自我思考及创新能力。因此，要充分利用高校体育线上教学的资源，达到高校体育教学改革的目的。高校体育线上教学资源的特点有以下几点。

（1）学生学习时间更充裕

高校体育学科知识内容以及各类体育信息能够让学生更充分理解认识自己的专业，也是学生完成学业必需的知识储备。而当前，大多数高校安排的体育课程，在体育锻炼的活动量、运动时间和频率、理论知识学习等方面都存在明显的缺陷与不足，这便可以通过建设和优化高校体育线上教学资源来进行补充。互联网具有承载海量信息的特点，而以上这些内容都可以以数字化讲义及视频等在线资源的形式来呈现，能够充分发挥互联网的时效性、便捷性，利于学习者变通利用自我时间获取体育必修知识的同时，将体育百科、训练技巧以及体育保健等其他课外内容实现网络信息的有效共享，促使学生进行体育学科理论学习及自主技能学练时，获得更加科学、系统、多元化的指导，也充分弥补由于实体课堂授课内容及时间较少而引发知识量的不足问题。

（2）教学管理实现双向同步

通常各高校体育课程都有其专属的教学项目类型、进度要求、学习内容及重点、教学目标及考核标准等，这样的体系可以直接反映于授课讲义或者教案中。教师可以直接通过网络开放授课讲义内容来进行教学，这种共享式教学可以使学习过程效率更高更便捷。并且教师也可以根据课程的教学进度将适合该学习阶段的优秀课程、教学记录等资源信息，在通过版权许可后直接上传至网络教学平台中，这样既能使得学生快速获得该学习阶段适合的内容资料，又方便了教师进行学生教学管理、避开烦琐的资源整合过程，最终有效地实现教学和管理的同步发展。

（3）具备延展性及可持续性特点

互联网本身具有海量的信息存储性，这意味着互联网也被开发利用为良好的知识储备工具。学生不但能够通过在线教育获取到当前授课所学信息，还能对教学、学习历史信息或行为进行保存并分享，从而真正达到线上体育教学资源在纵向的可持续性发展，也有利于高校体育学科本身的发展和丰富。只要有网络覆盖的地方，人们就可以进行社交，借助网络在线教育资源平台还可以自发形成自网络体育学科学习群体，共同开展体育学习教育活动，逐渐构成网络体育社区，形成体育知识发展与更新的良性循环。

更为详尽、丰富的线上体育教学资源，结合教师的日常体育教学就能真正丰富学生原本的体育课程计划，还能不断拓展学生的体育事业、有效提升其体育锻炼的积极性，凸显出体育线上教学资源的横向延展特点。

二、线上线下混合学习模式的概念

互联网已经将触角伸向教学领域的方方面面，并且已经在其中发展了数年，在教学经验方面已经有了一定的经验积累。其间涌现出了很多互联网与教育领域相融合的成功案例，积累了大量的优质教学资源，这些积累为互联网中教学资源的优化和整体提升奠定了扎实的基础，使得更多的人认同互联网思维教育资源的优化升级。混合学习模式是将互联网思维深度运用于日常教学体系之中，并将互联网资源与传统课堂相加相融，以使课堂教学模式最优化，从而进一步促进混合学习模式的发展，通过创新思维的不断发展和落实，使得学生能以一种更加轻松的状态迎接不同类型的学习任务，并且能够有效地充实自己的知识储备，使自己的学习达到一个更高的层次，能更好地理解和运用所学的知识习得新知识。

三、高校体育线上线下混合教学模式的意义

（一）弥补了传统教学的缺点

传统的课堂教学的缺点，主要表现在教学方式和内容单一、缺乏趣味性以及受到学校场地和器材的限制。这些因素导致了教师和学生不能更好地教学和学习自己感兴趣的体育运动，最终大大降低了学生的学习兴趣。而互联网为基础的线上教学模式首先丰富了高校体育教学的内容。在互联网的环境中，教师可以根据学生的兴趣，创造不同的模拟场地，向学校介绍该项体育运动的精髓和要领，并能让每个学生参与其中。尽管学生没有真正地参与到实际的运动中，但是通过这种网络的教学模式，让学生对该运动有了初步的了解，为后期实践奠定了良好的基础。通过这种课程，极大地丰富了学生对不同体育运动项目的认识，促进了对体育课程的喜爱。

（二）促进了师生之间的交流

以往国家教育发展过程中，首先强调的是对学生进行文化知识的教育，在这个过程中，体育教学不受重视，导致一学期可能只有一节体育课。所以很多学生对教师不了解，同样对体育课程也不感兴趣。而对于教师本人来说，对自身的教学内容和目标也没有很明确的认识和定位，体育课程也往往采取敷衍了事的态度，顶多是带学生跑跑步，有的甚至是直接自由式教学，让学生喜欢做什么就去做，完全没有体育课堂该有的标准。而互联网的线上教学方式为学生和教师的交流提供了一个良好的平台。在这个过程中，教师首先询问学生对哪种体育项目感兴趣；之后根据学生的兴趣制定线上课程的学习内容，通过视频的方式向学生展示运动和讲解运动的关键细节；讲解的过程中能够不断地与学生进行互动，对学生不了解的地方进行多次的讲解，而对于学生感兴趣的地方可以进行延伸讲解。学生和教师成了线上教学的主体，大家可以自由交流发表自己的看法，是一种相互学习的过程。这种教学模式不同于线下的课堂教学与学习，学生只能被动地接受有限的运动方式，并在教师的安排下完成课堂任务。通过这种网络化的教学模式，提高了学生的参与度，让课堂学习变得丰富多样，最终提升了学生与教师之间的交

流方式，丰富了课堂教学的内容，使得课堂教学更加生动。

（三）促进了高校体育教学的多元化发展

传统的纯课堂教育和现阶段互联网下的体育教学模式相比显得枯燥乏味，内容不丰富。同时受到高校环境和器材的限制，因此很难实现教学方式的创新。而采用混合的教学方式，尤其是开发互联网为基础的线上教学模式，让学生可以通过视频或者软件的方式学习到更多的体育运动，让体育教学的方式更加多样化。同时，借助发达的网络信息，学校和教师能够通过快速的信息收集，与全国甚至全世界发达的地区接轨，收集最新最先进的体育教育信息，让学生大大地开阔了视野。在这种方式下，学生对体育教学充满了兴趣，可以提高体育教师的教学水平。

四、高校体育线上线下混合模式分析

互联网思维在当今时代具有十分重要的意义及地位，而混合学习模式的基本内涵就是将传统课堂的教学内容与互联网中的教学资源相加相融以实现最优化。传统教学模式对学生日常基础性的知识学习有着十分重要的作用，其在日常的教学体系框架之中，可以更好地为学生在互联网中的学习打下良好的基础，因为课堂教学是线下的，通常采用的是教师与学生面对面交流的教学方式，是师生、生生相互交流沟通的实体性课程，不仅可以有效地使学生参与到课堂进程之中，还能够使学生在课堂中达到学生线下社会交际的相关需要，同样可以使学生掌握一定的人际交流技巧与能力。而互联网教学资源是没有空间和时间范围限制的，学生可以自主地选择上课的地点和时间。

高校体育应通过开展线上体育课程教育教学活动推进混合学习模式的运用，混合学习模式可以有效地使学生与学校紧密联系起来。学生线上与教师沟通时的零距离感，可以有效地缩短学生与教师之间及学生与学校之间在心理上的距离。这是因为学校、教师、学生三者之间的距离感会导致彼此疏远，这种疏远不仅会在学生行为上表现出一定的疏离，还会导致师生交流时存在着一定的疏离，任其发展下去将会大大地影响学生课堂学习和参加体育运动的积极性，而学生的消极心态则会影响学生的身体素质及教师教学目标的实现，有时甚至会影响学校的声誉。因此，将混合学习模式引入日常体育教学有着独特且重要的作用，比如学校在线对学生学习意愿进行了调查，通过对学生偏好的体育运动的调查，可以及时调整体育教学内容，而选取学生感兴趣的体育知识不仅能激发学生的学习动力，还能有助于教学目标的达成。"互联网+"思维主要是通过对互联网的深入分析，通过互联网与体育教学相互结合以使教学形成良性发展，比如线上问卷调查具有更大的便捷性和更易于学生接受的特点，因此高校可以把问题设置得更为有趣从而更吸引学生，使枯燥的调查方式变得趣味性十足。教师要尽最大的努力使学生感受到学校、教师等对他们的关注，给学生一定的陪伴感，从而增加课程开展过程中教师与学生间的亲近性。

高校教学已经进入了互联网时代，若无法紧紧跟随时代前进的步伐发展创新教学方式方法，学校就会在发展中逐渐处于劣势，这会大大地影响学校以后的宣传等工作。科学技术进高校，是国家顶层设计理念的重要组成部分，高校一定要顺势而为，紧紧地抓住发展的机遇，朝着国家对高校要求的发展方向而努力。"互联网+"背景下高校体育教学混合学习模式是高校在科学技术发展的当下积极求变的自发性工作，其可以有效地呼应顶层设计理念，并将顶层设计理念运用于学校发展实践工作之中。比如互联网作为一个万物互联互通的科学技术支撑平台，高校可以通过互联网赋能，打造学校微信公众号，开设体育教学模块，这样学生就可以通过学校微信公众号进一步了解学校体育教学的互联网思维，学生还可以通过微信公众号中的体育教学栏目进行学习安排等。

五、高校体育线上线下混合教学模式存在的问题

（一）网络技术设备的不健全

尽管当前我国的经济发展有了很明显提高，但是部分地区经济的发展仍然处于较低水平。在这种情况下，很多地区对高校的投入较少，导致互联网教学方式没能够完全地推广和应用。这在一定程度上限制了混合学习模式的发展。

（二）对混合学习模式的不重视

高校、教师、学生对混合学习模式的不重视。很多学校对网络教学的效果和意义存在一定程度的怀疑，认为只有通过传统的线下教学才能真正提升学生的身体素质，而线上教学只是浪费时间。这种情况表明，部分高校还未正确认识到混合学习模式的重要性，导致在高校建设的过程中，弱化了互联网硬件设备和软件系统，不利于网络教学的发展。

（三）教师培训以及系统的规划有所欠缺

即使一些学校意识到了混合学习模式的重要性，同时也投入了资金加强网络教学的固定资产投入。但是，在发展的初期，很多高校对混合学习模式的探索存在很大问题，主要表现在两个方面：一是没有对教师进行专门的培训，很多教师受到传统教学方式的影响，对计算机网络技术了解不全面，就会导致网络课堂成了学生放松和玩乐的场所；二是很多教师没有结合本校学生和发展的特点进行教学。比如，一所高校具备良好的羽毛球学习基础，那么在网络教学的过程中，教师应该引导学生学习其他如乒乓球或者篮球等运动项目，不能盲目地跟从其他学校的网络教学内容进行教学。

（四）线上线下教学结合得不够充分

传统的课堂教学一般采用线下的教学方式，而网络教学一般为线上教学方式。教师应该牢牢把握两种教学方式的不同点，将线上与线下课程充分地融合。但是当前很多高校存在着教学割裂的问题，比如说在线下课堂教学的过程中，出现很多问题，而在网络教学的过程中，教师并没有针对问题进行详细的分析与解决，导致教学效率低下。以乒乓球的教学为例，在线下教学的过程中，某个学生对正手大角度理解不深入，在课堂学习的过程中，教师应该针对这个问题采用视频展示的方式告诉学生问题所在，并对这些问题给出相应的解决办法。线上教学和线下教学同等重要，二者应该相互服务，只有提高它们的融合度才能高效地实现体育教学混合学习模式的应用。

六、高校体育线上线下混合教学模式的优化路径

（一）宣传方面

1.加强体育教育宣传力度

利用网络信息化技术建立专门的网站，宣传体育教育。要实现混合教学模式与学习模式的应用，必须大力推广网络化教学模式，将互联网和体育教学相互融合促进。因此，高校可以利用网络信息化建立一些专门的体育平台，这些平台可以展示体育教学课堂的内容、最新的体育赛事、教师的教学指南、学生的参与混合教学模式的案例等，通过这些平台的展示，学生可以快速地了解和熟悉网络教学模式。当然，这些平台也可以通过食堂的电视屏幕进行播放，或者放到学生人流量较大的地方进行播放。同时，可以建立系统平台，学生可以根据自己的信息

如学号登录系统进行相关视频的浏览。在学校的开放网站，也可以向社会人士宣传混合教学模式，引导社会人士和学校、教师一起为学生创造更好地学习环境。

2. 加大混合模式宣传力度

当前高校对体育课程混合式教学模式的推广力度不够，一些教师不严格执行，依旧偏向于线下的教学方式，学生对于线上线下混合式教学模式的兴趣也不足，听课效率不尽理想，加上高校的计算机多媒体硬件设施不够健全，严重阻碍高校混合式教学模式的实施与改进。继续推行混合式教学在未来教育的发展中有着重要作用。要充分利用网络媒体和社会各界的影响力，扩大宣传力度和范围。在互联网环境下，继续教育要采用先进的教育理念、管理理念，以及完善的硬件设施等，结合市场人才需求，根据规划阶段性发展更新教育平台。高校要足够重视体育混合式教学模式的开展，开放多媒体教室，更新并完善计算机硬件设备与软件技术等，满足体育教育工作者和学生的需求，创造良好的学习环境。

（二）教学方面

1. 提高重视程度

从上到下，依次进行配合，全面提高对混合学习模式的重视程度。当前高校体育教学方式推动过程中最大的阻碍是不重视，这些不重视主要包括学校、教师或者是学生个人的不重视。作为上级的主管部门，应该加强对高校的管理，为高校的体育教学模式提供指导意见，定期与高校领导人进行谈话。通过这种方式建议高校如何安排和部署相关体育教学方法。当然，上级主管部门应该充分地调动学校的主观能动性，发挥他们本身的能力去实施教学。不管过程和方法如何，最终的结果是加强学校各个体系对混合学习模式的重视。上级部门需要重视对学校的监管，要求他们首先必须要加强对基础设施比如说电脑等硬件和软件的投入，让教师在教学的过程中有物可用。同时，学校层面需要定期组织教师开会，传达上级的规定要求，加强对混合学习模式的重视。而教师在课堂教学的过程中，应当详细地解读学校的文件要求，向学生传达混合学习模式的重要性。通过以上的方案，从上到下，完成每一个细节，以全面提高对混合学习模式的重视。在这个过程中，一旦一个环节出现问题，比如说，学校层面没有加大投入，将会导致网络教学的直接失败。

2. 加强线上线下的融合

混合学习模式的应用，要求体育教师在教学的过程中加强对线上的网络教学和线下的课堂教学进行重视。而这个重视并不是对二者进行割裂。教学的重点是如何将二者进行充分结合和衔接。理论上分析，线上的教学模式一般注重理论的学习与教育，让学生充分了解一个体育运动项目的基本内涵、内容、难点以及过程，在这个学习的过程中，主要提高学生的理论知识和思维能力。而在线下的教学过程中，主要强调的是学生实践能力的提升，通过加强对相关体育运动的体验，加强对学生实际的专业化训练。只有将二者相互融合才能促进学生理论和实践能力的全面提升，才是混合学习模式的最终目的。所以，教师在教学的过程中，并不是仅仅针对学生的理论能力或者实践能力进行提升，而是要充分地融合课上课下的内容，促进学生整体的素质。教学的难点在于融合。在融合的过程中，教师需要加强对以下几个方面的重视。首先，提高线上平台的种类，可以采用最直观的视频方式进行讲解，可以录制微课，可以借用相关的专业化网站，或者是通过视频平台等方式，加强学生对体育运动的理论知识学习，为学生实践提供指导。而在实践的过程中，学校可以依靠这些视频进行模仿，从而达到教育的目的。通过这种方式，学生能够将课堂学习的知识点充分应用到实践中，实现线上教育与线下教育的完美结合。教师应该尽量地利用线上教育，不能让它毁于形式。同时在线上教育的过程中，应该遵循先理论后实践的原则，统筹安排线上与线下交叉的教学方式。先理论后实践，就不能在教学的过程中，连续地安排线上的理论课程，而忽略了实践课程。在进行交叉理论—实践的教学过程中，前一节的理论课程应该为下一节的实践课程服务。

3. 构建完善的网络化平台

线上线下混合教学体系的构建需要完善的网络化平台作支撑，因此，在高校公共体育教学中，教师首先要依据线上线下混合教学的需求和实际情况科学构建网络化平台。在 21 世纪这个信息化时代，智能移动终端、互联网、大数据等为构建线上网络平台提供了有效、多样、可行、简易、方便的媒体基础。教师在构建网络平台的时候可以根据学生的信息素养、需求以及学校实际情况合理选择第三方 App 或者自建网络平台。一般来说，线上线下混合教学背景下，教师需要构建的网络平台主要有三部分，分别是考核平台、讨论平台和教学资源平台。其中，考核平台主要用于教师考核学生的学习情况或学生自己考核自学情况；讨论平台则是教师与学生、学生与学生在线上互动的主要场所；教学资源平台则是师生共享资源的场所，包含了各类参考资料、教学视频、课程基本信息等。在实施线上线下混合教学模式前，教师先要搭建好各个平台，这是线上线下混合教学得以有序和高效开展的基础与保障。

4. 促进混合教学模式的创新

在融合的基础上进行创新。在混合教学和学习模式推动的过程中，教师能够积累大量的教学经验，而根据这些经验，教师可以适当地进行教学方法和方式的创新，最终使得这种混合模式得到更加充分高效的应用。这些模式的创新可以从如下几个方面开展。首先，是在高校层面建立研究小组，在对体育教师进行培训的过程中定期进行信息的收集，向他们了解教学过程中存在的一些难点和问题。每个教师的教学具有差异，因此每个人的问题也是不同的。学校可以统筹协调，让教师进行交流，内部化解这些问题。对于共性的问题，可以进行全体的讨论，给出最佳的解决方案。其次，是学校加强对教师和学生的考核和考查。在这个过程中，不论是教师和学生都能充分发挥自己的主观能动性，尤其是教师层面，会真正地用心思考，产生很多新的点子和教学方法。而学生也能够更多地参与到教学过程中。同时体育考试不应仅仅局限在实践能力的考试，也可以针对理论知识进行笔试，加强学生线上学习的认真程度。

（三）教师方面

1. 提高教师的教学认知能力

学校辅助提高教师的教学认知能力。教师作为高校体育教学过程中的关键组成，必须要及时意识到混合学习模式对提升学生学习兴趣的重要性。在进行网络课程教学之前，教师首先应该加强自己的网络信息化应用能力。很多体育教师长时间地采用传统的课堂教育教学方式，缺乏现代化的信息技术尤其是计算机知识。因此，学校可以为体育教师提供良好的培训机会，通过这种专业的培训，教师能够快速地掌握计算机技能，从而将这些技能充分地应用到体育教学的过程中。而在学校层面，提高互联网在体育教学中的应用，最根本的是要加强资金的投入，主要包括教师培训的投入以及设施设备的投入，可以引进一些全能型的教学能手，帮助原有的教师进行教学方法的革新。当然针对体育学科这种特殊性进行选拔人才，包括体育水平与计算机水平。只有这样才能为高校体育教学混合模式的应用打下良好的基础。

2. 提高体育教师的个人能力和教学水平

术业有专攻，在传统的体育教学的过程中，很多体育教师的能力主要体现在体育本身。比如说很多学校招收体育教师的要求就是省级或者国家级二级运动员。而在教师被招进学校之后，也很难进行其他方面知识的培训，造成了很多教师能力比较片面。在混合学习模式的推动过程中，要求教师不仅要有良好的体育素养，更要具备信息化技术的能力。在高校中，很多教师尤其是老教师，受到传统教学方式以及思维的限制，不愿意去学习新的知识，同时对网络化平台缺乏一定程度的了解，不利于混合教学与学习模式的推动。所以对教师来说，首先要转变自己的思想，紧跟时代的步伐，按照学校的要求积极参加各种与教学相关的培训。只有这样才能全面提高体育教师的个人整体能力。如果一味地沉浸在传统的教学模式中，不知变通、一劳永逸，将会很快被快速发展的社会淘汰。当然，当前有很多学校管理不严，让这些教师觉得不学习网络信息化也不会有太大的变化，这种不严格的管理方式，导致了教师思想上的"懒惰"，最终不利于整体水平的提升。因此，对于学校来说，不仅要规范学生，更要严管教师。通过定期的培训加强他们的参与度，最终提高他们的自我要求及整体的实力。

（四）学生方面

从学生自身的角度来看应该积极配合学校和教师。对于学生来说，在进行体育教学的过程中，应该从个人发展角度思考，尽可能地配合学校的教学指标以及教师的课堂教学。学校是教学的主要场地，在这个过程中学生应该相信教师的教学能力。在线上教学的过程中，积极提出自己的问题，并认真学习理论知识。同时，在实践学习之前对理论知识进行复习和回顾，将混合学习模式充分地应用到自身的学习中。加强对混合学习模式的重视，不能打着线上学习的名义去玩乐，这种方式不利于学生自身的全面发展。

第五章　高校体育教学的科学化创新探索

本章内容为高校体育教学的科学化创新探索，主要从三个方面进行了介绍，分别为高校体育教学的创新探索、高校体育教学现状与创新策略、高校体育教学的未来发展方向。

第一节　高校体育教学的创新探索

一、高校体育教学中膳食营养教育的创新探索

（一）膳食营养教育

1. 膳食营养

营养补充指的是人类从外界物质中摄取所需养分以维持身体生长发育的行为，也是人类吸收与运用身体必需物质能量的一种生物学过程，人体的营养状态与其身体健康、生长发育状况息息相关。营养素就是指人体生长所需要摄取的各种成分，主要包括水、脂质、维生素、蛋白质、矿物质、膳食纤维和碳水化合物七大类，能够起到维持机体生存和生长发育的重大作用，并且每一种营养元素都具有其独特的功能特点。其中水是人类生命的源泉，在人体内质量占比超过50%，是维系人类一切生命活动不可或缺的营养元素；脂质是热量最高的营养元素，可以给人体生命活动提供许多能量，并且其中含有的氮元素和磷元素有助于促进人体细胞的生成、生长和转化；维生素的主要功能在于参与体内各项代谢活动及生物化学反应，同时促进脂肪、蛋白质的合成利用以及身体的新陈代谢。

营养素主要源于各类食物，人类可以通过日常饮食来补充身体所需的各种营养元素以维系身体健康发展，但是身体对营养元素的吸收并不是越多越好，过量摄入营养元素可能给身体机能正常运作带来沉重的负担，进而对人体健康造成诸多负面影响，引发一系列疾病隐患。由此可见，只有深入掌握营养供给和人体所

需之间的平衡关系，合理搭配与控制膳食营养，才有利于保持体内的营养吸收与运用，实现健康身体素质的养成。

2. 膳食营养教育

在世界卫生组织的定义中，营养教育指的是以改变人类饮食行为习惯来实现改善其营养状况的一项计划性活动，结合现实生活经验可以具体阐述为：膳食营养教育是一种基于营养信息知识的传播和交流，促使人们了解与掌握食品营养知识理论并学习养成良好膳食生活习惯的教育活动及其过程。目前，营养教育属于全球适用的改善人类饮食营养状况的有效途径之一，也是现代教育体系的重要构成部分，从教育思想理念方面来看，膳食营养教育不仅可以实现科学营养知识的传播与指导，还能够推动人类个体、群体以及整个社会共同养成营养膳食的实践技能、生活习惯和社会服务，让人们能够正确地面对和解决食品营养与卫生问题。大学阶段是学生强化个人能力和实现学习创新的重要时期，保证充分的饮食营养摄入对学生的身体素质提高和学习状态养成十分重要。在互联网信息技术全面普及的作用下，大学生关于食品的选择与喜好、膳食营养标准、饮食行为习惯等都会受到各式各样网络信息的影响，由于网络信息繁多杂乱、内容质量参差不齐，其中一些错误的膳食营养知识和行为准则容易对大学生思想观念造成误导，使他们养成不当的膳食营养理念和饮食行为习惯，甚至可能会因为营养摄入不均衡而影响到身体健康和学习生活，由此可见，开展膳食营养教育对大学生成长发展具有十分显著的现实积极作用。

大学生膳食营养教育旨在培养学生的营养健康知识基础，提高他们的膳食营养意识与改善饮食营养状况，以此达到促进大学生体质增长、预防疾病隐患以及优化学习生活质量的教学目的，在这一层面上膳食营养教育与大学生体育教育教学理念存在高度的互通性。另外，在大学体育教学课程中本就包含一定的膳食营养内容，许多体育运动的训练效果也离不开膳食营养的辅助作用，所以将膳食营养教育内容融入大学体育教学课程，不仅符合当前体育教学课程需求，也有助于促进大学体育教学目标的有效达成，对大学生良好身体素质的养成以及身心健康发展都具有重要的推动作用。

（二）膳食营养教育的必要性

众所周知，高校学生对时间与金钱的可支配度相较于中小学生来说更加自由，这就间接致使众多大学生形成不吃早餐、吃饭时间不规律、饮食习惯差等不良习惯；再加上高校学生膳食营养结构的极度不均衡发展，使学生体内营养成分跟不上身体发育、成长需求，以至于对学生身心健康与学习状态造成较大负面影响。因此，大力推进膳食营养教育在大学体育教学中的发展，是非常有必要的。具体来说，深化膳食营养教育在大学体育教学中的发展，具备以下现实意义。

1. 创新体育课程

随着素质教育与课程改革进程不断深入，我国教育领域逐渐形成以人为本与健康至上的主要基础教育理念。也正是在这两种教育思想与理念作用下，教育者全面注意到学生身心健康成长重要性，开始着重加强学生个性发展的整体性与持久性，并有意地引导学生养成健康生活方式；而膳食营养教育大部分教学内容和观念，与体育教学实行主要目的具有高度一致性。所以，大学体育教学的现代化建设与发展，为膳食营养教育发展创造了更多可能性，可让人们清楚地看到深化膳食营养教育发展的美好前景。

2. 促进大学生个性培养

大学体育教学作为培养复合型人才的基础必修课程，不仅有助于学生养成强壮体魄，还利于加强学生参与各类体育运动项目的兴趣，从而在持续不断的运动过程中形成终身运动的锻炼意识。当代大学生在竞争尤为激烈的社会大环境中承受着极大压力，其身心素质正在遭受巨大考验。而膳食营养教育在体育教学中的发展，既可从生理方面增强学生记忆力、免疫力及体力，以降低学生发生疾病的概率、始终维持健康身体状态；也可促使学生养成良好保健意识、自我管理与调节能力，从而提升其个性发展长远性。

3. 充分体现了大学体育教学特征

大学体育教学实行主要目标是在课程教学过程中，通过多元教学手段引导学生掌握更多专业理论与生理知识，深化其对自身身体结构与身体机能运行系统的认知，并以此规范自身运动行为，形成健康生活、珍惜生命的良好思维意识，这与膳食营养教育的目标不谋而合；再加上健康的身体状态离不开充足的营养保障，所以，膳食营养教育在大学体育教学中的发展既能充分展示体育教学特征和膳食营养教育具体内容与目标，也有助于指引大学生改善不良饮食习惯，从而有效提升大学体育教学效率。

（三）高校学生膳食营养问题

1. 专业营养知识缺乏

很多学生在进入大学之前未曾接触过系统性的膳食营养教育，他们所掌握的部分膳食营养知识大多来自父母教育、中学生物课程或是日常生活经验的积累，平时也没有通过有关渠道获取专业、科学的膳食营养知识，以至于学生不了解个人身体对营养物质实际需求、缺乏对膳食营养均衡吸收的合理掌控，从而不利于养成膳食营养饮食习惯。

2. 存在不良饮食习惯

大学生活环境的自由与开放，让许多学生对于个人饮食安排拥有了更多的选择权和主动权，这也导致在缺乏健康膳食营养指导的情况下，学生诸多不良的日常饮食习惯渐渐暴露出来，比如一日三餐饮食不规律，常常因为睡懒觉、熬夜而错过早餐；没有合理控制食量，时多时少且存在暴饮暴食问题；喜爱各式各样的饮料；等等。这些不良饮食习惯不仅会导致大学生每日营养摄入不均衡、身体素质下降，长此以往还可能带来一系列的健康安全问题。

3. 缺乏合理膳食结构

我国膳食营养教育相较于西方发达国家而言起步较晚，绝大多数大学生家长并没有接受过专业、全面的膳食营养知识教学，很多饮食习惯和营养搭配方式都是基于自身多年的生活经验总结所得，其中一些错误做法和传统理念可能对大学生的膳食营养饮食意识及行为习惯造成较大影响，以至于大多数学生难以系统性地掌握合理膳食结构安排，日常营养摄入量均未能达到标准需求，不利于学生的健康成长与稳定发展。

（四）膳食营养教育融入体育教学的创新措施

1. 提高学生的认知

高校体育教师应当深刻认识到膳食营养教育的重要性及其与体育教学课程的紧密关联，进一步提高膳食营养教学内容在体育课程中的占比，将营养学专业知识、合理饮食规范和运动营养补充特点等知识内容穿插于体育运动知识与技能教学的一系列过程中，这样既可以引起学生对膳食营养教学内容的重视，也能够有效提高他们对膳食营养问题的认知，使他们掌握膳食营养教育教学内涵和一定的营养专业知识，懂得饮食营养均衡、合理摄入以及卫生安全问题，并且在体育教师的指导下树立终身健身意识，养成科学健康的饮食习惯和运动习惯。

2. 转变体育教学观念

适时转变体育教学观念，对膳食营养教育有正确认知。根据现代教育行业发展规律来看，高校开展体育教学活动时，不仅要注重对学生专业知识素质与能力的培养，更要从本质上引导学生强化自身身体素质，以推动身心健康发展，从而使其在体育教学活动中始终保持良好学习状态。所以，教育者应积极接纳现代化教育理念，适时转变其传统体育教学思想，明确认识到体育与膳食营养教育协同发展的必要性和可行性，并借助现代信息技术与科学手段，加深体育与膳食营养教育在校园文化中的宣传与推广，使学生对体育与膳食营养教育有全面性认知。同时，教师可根据学生体质特征制定并实施有针对性的体育与膳食营养教育方案，辅助学生树立正确膳食营养观、构建营养均衡的膳食结构，为学生的健康成长打下坚实基础。

3. 提高教师教学水平

高校体育教师是大学生在体育课程学习过程中极为重要的教学引导者，其专业知识能力和课程教学水平对体育教学质量和效率有着十分显著的影响作用，所以要想实现体育教学中膳食营养教育的良好发展，则需要不断增强体育教师的营养学知识水平，以促进膳食营养教育工作的全面、有效落实。高校可以采取专业培训或课外学习的方式帮助体育教师增强自身的营养学专业知识储备，一方面体育教师具有较高的膳食营养知识水平将更有利于体育教学中膳食营养教育的开展，在很多理论知识要点和体育运动营养方面可以给学生提供详细指导；另一方面，体育教师可以通过自身良好的膳食营养饮食习惯对学生起到示范作用，让学生更加深刻地认识到膳食营养对身心健康和体育发展的重要作用，从而有利于快速推动膳食营养教育目标的全面实现。

4. 有效开展实践教学

膳食营养教育与大学生日常生活中的饮食活动息息相关，掌握专业膳食营养知识是养成健康饮食习惯的重要基础，但是在高校体育教学中仅采取理论教学模式来开展膳食营养教育，无法让学生对膳食营养知识产生深刻认知，并且难以切实体会膳食营养对身心健康和体育运动的重要影响，更不用说将其应用于实际的生活饮食习惯当中。因此，体育教师在开展膳食营养教育时，首先需要根据学生日常的饮食习惯和饮食条件制定合理的膳食营养教育方案，以便膳食营养内容能够自然融入体育教学课程中，其次可以在课堂教学中引入一些现实生活里的营养饮食与不良饮食对比案例以作参考，使学生直观地认识到膳食营养对人体的影响。最后，教师还应当布置"一周健康饮食""膳食营养表制定""日常饮食营养分析"等课后实践活动，这样不仅可以将膳食营养知识潜移默化地融入学生实际生活，还能够帮助学生深刻意识到膳食营养对个人健康生活的积极影响，进而养成科学营养的饮食生活习惯，由此有助于推动大学生体育课程及现代健康教育的良好发展。

5. 创新膳食营养教育方法

教育者实践创新意识水平的高低，对膳食营养教育发展价值能否在大学体育教学中得到充分发挥以及学生膳食营养意识和健康生活观念能否得到有效培育与加强有重要影响，由此，广大教师需时刻注重自身实践创新意识的提升，进而为促进体育与膳食营养教育的形式与途径提供高水平指导思想。具体来讲，各教师应勇于打破传统教育理念束缚，顺应现代教育形势加强与学生互动交流的频率，在体育与膳食营养教育中全面凸显出学生主体地位，并通过利用先进教学设备与技术积极促进课程教学和具体实践的结合发展，以激发学生学习欲望与热情，使其主动参与体育与膳食营养教育。

俗话说："生命在于运动"，体育运动既可增强学生身体素质，使其在日常学习生活中保持充沛体力与能量，也可有力引导学生形成开朗乐观、积极向上的良好心理状态，是促进高校学生个性全面发展的必需基础要素；况且，自古以来，我国医学行业与养生学领域的专家、学者，均已意识到膳食营养在体育运动、医疗与养生保健中的重要价值与作用，且这些意识与观点在时代不断发展、变迁过程中，获得了现代科学的强有力证明。因此，关于深究大学体育教学中膳食营养教育的改革发展，并以此为依据提出的全新优化方案与策略的工作，是保证高校体育教学效率得到稳定提升，大力改善大学生体质下降问题的必行之路。

6. 加强体育教学与膳食营养教育的结合

膳食营养教育在大学体育教学中的有机渗透，要求教育者必须首先明确体育教学与膳食营养教育并行的总体教学目标：强化学生综合体能素质、辅助学生树立正确健康营养意识，引领学生熟练掌握体育与膳食营养教育相关知识理论与实践技巧，养成良好体育与饮食习惯等。因此，教育者应基于上述目标强调学生心理需求与体育教学实际情况的结合，并重视体育与膳食营养教育融合发展的科学统一性，从而通过先进教学技术与手段制定现代化体育与膳食营养教育模式，促进体育与膳食营养教育内容体系的优化和完善，以此为增强学生身体素质和健康营养意识提供基本教学教学保障。

二、元宇宙体育教学模式的创新探索

（一）元宇宙的演变与实现

元宇宙是一个由人构建的平行世界，它也会不断地演变。有学者认为元宇宙分为四个层级：第一个层级是感官模拟，使人的感官在虚拟环境中模拟出和真实世界一样的感觉；第二个层级是神经介入，通过芯片和计算机与人体连接改变人体有机结构；第三个层级是意识上传，将人的思想意识提取传入计算机构建的世界中；第四个层级是宇宙维度提升，以目前的科技水平来说这还是一个哲学问题。我们现在所说的元宇宙即指元宇宙的第一个层级，而且还远未实现。

有研究认为，数字世界的搭建和感官模拟系统的建立奠定了元宇宙的基础。也就是人体各种感官（眼、耳、鼻、舌、肌肤、心、脑等）形成的视觉、听觉、嗅觉、味觉、触觉、平衡、饥饿、疲劳、意识等，能在计算机搭建的虚拟世界中获得和真实世界一样的感受。随着我们熟悉的 VR（虚拟环境）、AR（增强现实）、MR（混合现实）技术的不断发展，尤其是 MR 技术的推广和快速发展使我们触及了元宇宙初级层面的边缘，元宇宙环境已经起步。

（二）元宇宙的概念解读

1. 元

辞海中"元"解释为"始"，第一之意，也代表天地万物的本原。中国古代朴素的宇宙论认为新宇宙诞生最初期是处于气、形、质三者浑然一体而未分离的迷蒙状态。元代表旧事物消亡到极限，孕育新事物的伊始；不仅代表时空奇点，更有彻底超越的立意。然而新宇宙的萌生必然要消融旧宇宙既定的边界、规则，二元对立而建立全新格局。所以，"混沌"是新宇宙诞生的胚胎，更是"元"的另一层中国古典主义哲学的寓意。

2. 宇宙

宇宙是所有时空物质的总集合体，也是目前人类认知中最大的范围。宇宙早期指屋檐和栋梁，有纵横经纬之形。也就是说，无限时空、包罗万象且处于永恒不变的变化中才可谓之"宇宙"，中国道家哲学认为混沌是宇宙本源。由此可见，宇宙始于混沌，元宇宙的概念更须契合混沌宇宙之意。

3. 元宇宙

尽管社交网站脸书（facebook）联合创始人扎克伯格让元宇宙概念进入公众视野，引发了热潮，但他并未给出准确的界定。维基百科将元宇宙描述为一个集体虚拟共享空间，由虚拟增强的物理现实和物理持久的虚拟空间融合而创造，包括所有虚拟世界、增强现实和互联网的总和。而基于此衍生出诸多侧重点不同的外延性解读。比如，有学者侧重元宇宙的虚拟世界属性，认为它是虚拟时间与空间的集合，由一系列增强现实、虚拟现实和互联网所组成，它是与真实世界平行的、相似的线上三维空间，本质上为一个串联，打通了大量虚拟场景的线上虚拟世界。也有学者强调元宇宙在虚拟世界和现实世界的嫁接功能，是集成与融合现在与未来全部数字技术为一体的终极数字媒介，它将实现现实世界和虚拟世界连接革命，进而成为超越现实世界的更高维度的新型世界。更有学者从元宇宙影响人类文明发展的角度，认为它是从互联网进化而来的一个实时在线的世界，是由线上、线下很多个平台打通组成的一种新的经济和文明系统。

尽管元宇宙的解读丰富，但都涉及几个关键词：互联网、在线、虚拟现实技术、现实世界与虚拟世界、超仿真、沉浸体验等。简而言之，互联网和虚拟现实交互技术高度发达会带来虚拟对现实的超仿真化、虚拟本身的现实化和常态化，由此形成无限接近现实。而这种高度现实化的虚拟世界将与真实的现实世界共同构成人类未来世界统一体。可以这样说，元宇宙基于高度发达的虚拟现实交互技术，会打破当今时代所谓的"虚拟"与"现实"的壁垒，消解"线上"与"线下"的概念，最终消融边界，无限扩容，恒定动态，形成颠覆和超越上一代互联网格局与思维的新生代宇宙。而这正符合"混沌"宇宙的解读。教育元宇宙身处其中，无论是理念还是实践都必须顺应这一形势。不过，这也让基于虚拟与现实、线上与线下的混合式教学模式暴露出局限性和改革的必要性。

（三）元宇宙理念对体育教学的意义

传统教学当中，受限于教育技术的发展，很多教育理念、教学思路很难实施或者效果难以尽如人意。随着 MR 技术的发展和虚拟世界的不断升级，海量的数字资源被应用到教学当中，对现有教学方式的改变甚至会重新定义教学的概念。现实世界与虚拟世界交叠融合而成的学习环境，既可将虚拟学习资源融入真实教学环境中，也可将真实学习资源融入虚拟教学环境中。该特征与教育教学相结合可以弥补传统课堂无法提供的真实情境，带来更丰富多元的学习体验。这就是元宇宙对体育教学的意义：它解决了客观因素造成的教学中的空间问题，极大地改善了教学环境；它利用混合虚拟现实的教学方式极大地丰富了教学效果；它构建的混合虚拟现实的学习资源和带来的学习体验为体育教学模式的创新提供了技术平台。

1. 促进了教学模式的多元创新

元宇宙教学把一些复杂的知识点通过交互式模型动画形象地展示出来，身临其境的沉浸感可以加深学生对学习内容的印象。在不同情境的体验与参与过程中，实现了学习知识与实践应用的完美统一。例如，在定向运动教学中，学生进入虚拟的户外场景，带着任务一边探索尝试，一边和同学教师互动探讨，最后在教师的引导下应用所要学习的方法技能完成既定任务。解决了传统教学中知识传授和实践应用相脱离的教学弊端，学生更容易养成自主学习习惯，更高效地完成体育必修课内容，更容易开展课下扩展课程。开放的虚拟系统将体育课程的课上练习与课下自主学习相结合，实现体育教学模式多样化，实现体育运动从单一的课堂教学延伸到全天自由参与状态。由学生自由安排时间进行的虚拟环境课程，它具有时间上灵活、运动强度自主设定、实时反馈自主运动成绩等优点，为实现体育教学内容的多样化和创新型体育教学模式，提供了技术支持和至关重要的保障作用。

2. 满足了体育教学对环境的需求

目前，正值新冠疫情严重影响我们的生活和学习的特殊时期，疫情带来的被动不定期的线上教学严重影响了教学质量和教学效果。目前的线上教学主要通过视频和语音资料，既缺少了现场的气氛、缺乏感染力，也减少了师生互动和实践体验。尤其像体育这种技能领域实践性、操作性都很强的学科课程，脱离了场地环境、运动器材和运动氛围的体育教学很难达到既定的教学目标。元宇宙中，通过 MR 技术在实现虚拟与现实深度融合的同时，可将不同时空下的场景通过计算机技术进行结合，实现异时空场景共存，将不同位置学习者的虚拟影像耦合连接在同一个虚拟的在线环境当中。例如，在受到疫情影响的大学开学季，无法按时回校的学生、被隔离的学生，在学校正常上课的学生，无论身处何地，在同一时间，通过 MR 设备进入同一个虚拟的舞蹈教室，数字世界中的学生教师各就各位，完全如同身临其境的上课场景。这种元宇宙的应用与体育教学领域结合，将对现场教学、远程指导学习、课后自主学习或在线协作学习等提供巨大的帮助和启发。

3. 激发学习热情，提高教学效果

传统教学中，受限于物理限制（如场地、语言、教具等），现实世界无法在一个地方整合各种元素以满足多数学生的需求。元宇宙具有无限的扩展空间和无缝对接的场景变换，可以有效地实现需求的多样性，把虚拟的场景和现场的实物叠加起来，通过虚实结合满足教学所需的各种元素。传统教学中体育教师用语言描述的抽象场景，可以通过 AR 技术直观、形象地展现在学生面前。例如，足球教师讲授脚内侧停球转身技术动作如何应用时，原来用语言描述的比赛区域和场景，防守队员的位置情况和防守动作，现在可以直观、形象地在现场演示出来。在元宇宙背景下，学生练习结束后，还可以通过 MR 技术把自己的技术动作储存发送到虚拟环境中，以一个虚拟自己的形式展示给大家，演示自己目前的技术能力在不同场景下的表现，也可以通过反复观看提高对技术动作的理解，实现深度学习。元宇宙中，设计好的各种有趣的场景能够较大地满足学生的内部需求和动机，这种强烈的满足感既提高了学生学习的主动性，也有利于运动技能的形成和提高，学生乐于学习、乐在其中，教学效果自然得到了提高。

第二节 高校体育教学现状与创新策略

一、高校体育教学现状

（一）对体育课程不够重视

受传统教育观念的影响，教师开展教学活动的侧重点是知识的讲授，学生的侧重点是知识的掌握，都是重视文化知识的作用，忽略了体育教学在其教育过程中所占据的地位，体育教学是促进其自身全面发展的重要教育之一。当今社会，很多年轻人经常熬夜，不重视健康饮食，降低了自身的身体素质，但他们对此并没有在意，反而持续现状，这其中就包括大学生。他们认为简单的日常运动就可以代替体育教学的内容，也可以很好地发展自身体育素质，不需要经过课堂系统的学习训练。他们的日常生活除了每天的学习、上课，就是在寝室看影视剧、玩游戏，没有对时间进行合理的分配，甚至没有把时间分配给锻炼，缺乏主动锻炼的意识，从而导致身体素质逐渐下降，这是现阶段体育教学需要面对的问题之一。

（二）体育教师间缺乏互动

由于教师间"竞争"的客观存在，高校体育教师在职后的专业化发展时更多地表现出"孤军作战"倾向。在我国高校行政架构中，高校教师在日常的教学活动中，与其他教师缺乏必要切磋和相互交流，更鲜有深层次的业务、学习交流，教师仍然以"个人"的专业发展方式为主。高校教师之间缺乏相互沟通与交流，体育教师的情况更是如此。由于体育学科自身特有的禀性，大多数高校体育教师具有争强好胜的个性特点，在工作中教师之间甚至还存在防备与排斥等现象。这些特点势必影响高校体育教师职后专业的成长和发展，从而限制了其专业知识的互动性学习。目前，我国还没有一个统一的高校体育教师互助学习共同体，而一个学习共同体平台能够为高校体育教师提供一种真实的工作情境，通过社会实践和互动，将自己学习到的别人的经验加以试验，从而内化进自己的知识体系。

（三）体育教学形式过于单一

目前的大学体育的教学形式过于单一，不能有效地激发学生的学习兴趣。当前学校的项目大多是篮球、乒乓球、羽毛球等，这些项目对已经步入大学校园的学生来说是非常熟悉的，没有任何的新鲜感，这就导致了其在参与这类项目时，没有学习兴趣，不能集中注意力，甚至还会出现请假、逃课的现象。但在现在的考核体系中，体育课在大学属于考核课，使得学生不得不将其与其他的选修课同等看待，失去了主动参与的积极性，甚至产生厌烦的心理，认为体育课毫无用处还浪费时间。

（四）体育教学内容有待更新

传统体育教学的内容大多是从小学开始已经接触过，初中、高中已经学习过的内容，以跑步、足球、篮球为主，在此基础上进行延伸教学，虽然在各个阶段学习的内容和方式不同，但其内容枯燥无味、单调、太过老旧，反复的教学内容使学生提不起兴趣，不能满足其对锻炼的要求。大学的体育改革只是一些理论上的修订，对教材并没有真正的改革。教材内容的老旧导致教学内容的老旧，与实际发展的情况不吻合，缺乏实际性与科学性，会使学生丧失学习的热情与兴趣，从而不能认真地从事活动，在一定程度上约束了其体育素质的培养。

（五）学生的主体地位有待提高

近年来，我国高校体育教师只是强调体育训练的规范性和标准化，对于自由开放式、具有现代化特点的训练方法和实际运行不够重视。在体育训练过程中仍旧采用传统的教师在台上讲解，学生在台下练习的模式，而学生最为关注的体育健康等知识内容，教师却未对其进行过多解释，这样难以满足学生对体育教学的需求，无法彰显学生的主体地位，再加上传统的训练方法很容易忽视学生的真实需要，并在一定程度上影响学生创新意识的培养。高校体育教师以传统的训练方式和教学理念进行体育训练，很难满足当代大学生对体育训练的需求，导致学生对体育训练的重视度严重不足，也没有兴趣参加训练，甚至出现学生除参加规定的体育活动外，很少主动参加其他体育活动的现象，这样不仅影响体育训练的效率，还会阻碍学生终身体育意识的树立。

（六）体育教师专业能力有待提升

在高校体育训练的过程中，体育教师自身专业能力的高低在很大程度上影响着体育训练的质量。因此，只有高校体育教师具备较高的专业水平，才可以使大学生的体能素质和体育成绩有所提升。但在实际高校体育教学过程中，体育教师普遍存在专业能力不足的现象，其中最为明显的是训练内容，高校体育教师并未根据学生之间的差异性进行因材施教，使得大学生在体育训练的过程中表现出消极、抵触等心理。如果体育教师无法采用合理的训练方式，就会导致学生丧失学习兴趣，影响训练效率的提升，从而严重阻碍学生体能素质的增强。

（七）体育设施器材配置有待完善

我国目前很多大学校园体育设施器材落后，可供学生进行锻炼的场地较少，在很大程度上影响了相关教学的效果。由于器材设施不足，很难满足其对锻炼的要求，很多学生除了跑步以及篮球、足球类运动，其他活动都找不到场地，也没有足够多的设施器材，开展不了活动，在很大程度上约束了其体育素质的发展，使其逐渐对锻炼丧失兴趣。

（八）体育教师反思性实践有待加强

在高校体育教师的日常教学中，没有创造性思维和实践经验的教师在教学思维和行为上呈现出重复性和简单化的倾向。针对体育课堂教学问题，教师通常会依照自身经验和习惯来解决。教师在教学中缺乏自我意识产生的意愿，也谈不上对教学活动的批判性反思。面对此类教学，体育教师可能仅仅考虑到所教的内容，但是并没有深入思考"技术动作怎么教"和"为什么这么教"的问题。长期以来，体育教学仍然沿袭传统竞技体育的理论和方法，对普通学生一般只教授技术动作，而不去思考学生的体育课需要什么。体育教师没有结合学生身心发展需求，缺乏对运动技术、技能教学的反思。久而久之，就形成了固定的教学模式，同时也成为体育教师教学的思维定式，直接导致教师在体育教学过程中缺乏自主性和创新性。

（九）良好的体育锻炼氛围有待形成

当代社会的大学校园里，大家都注重文化知识的学习，下课之后都在图书馆看书，或者在自习室学习，很难在操场上看到锻炼的人，一般大学生都认为锻炼是可有可无的，对自己学业的发展不会造成影响。有的学生可能会有想要去锻炼的想法，但受周围人学习的影响，也加入了学习中，久而久之，就不会再有想要锻炼的想法。周围人的做法，以及周围的气氛，是会影响一个人做事结果的条件之一。未形成良好的锻炼氛围，在一定程度上制约了学生进行锻炼的想法。人的意志受周围环境、氛围的影响，想要坚持一件事就要融入其中，只有这样才会激发兴趣，因为仅凭自己是很难坚持一件事的，需要大家在氛围中互相促进、相互监督、共同进步。所以，未形成良好的体育锻炼氛围在一定程度上影响了学生的锻炼，是需要积极面对并寻求解决方法快速解决的一个问题。

（十）体育教师专业发展管理机制有待完善

现阶段，我国高校体育教师职后专业发展尚未形成一个健全的专门管理机构，也未建立严格的管理制度和管理程序。对于我国高校体育教师发展而言，并没有形成与之对应的总体发展规划。在全国范围内，虽然有教师进修学习、国内外访学、培训（研讨）班、学术会议等继续教育形式，但是还没有形成完整、有效的管理机制，并且缺乏相应的考核标准，使得培训的效果并不显著，质量也不高。部分高校对于体育教师的专业发展并未给予足够的关注，也没有将之后的专业发展在教师的聘任、考核、晋升等方面加以体现。因此，高校体育教师在入职之后的专业发展中受到一定的限制。

（十一）我国高校体育教师的资格认定体系有待完善

通过对《教师法》《教师资格条例》和《教师资格条例》实施办法等政策的分析可以看出，现阶段我国的教师资格证，特别是高校教师资格证，并没有对学科进行划分。不同学科专业的高校教师所取得的教师资格证的性质和内容都是完全一致的。这种专业标准的缺失已经成为高校体育教师教育的发展瓶颈。一方面，教师资格认证标准没有针对体育学科的专业特点做出规范要求；另一方面，体育教师的职后专业成长也缺乏可以参考的目标和依据。这样的"双重缺失"直接导致体育教师教育的"双重无序"，即体育教师岗位聘任和专业发展在无序状态下进行，这一点在我国高校体育教师中显得尤为突出。这样不分学科专业的高校教师资格准入现状，既不利于高校教师专业化水平的提高，也不利于高校教师的专业快速提升，更不利于高校教师队伍整体素质的提高。

二、高校体育创新策略

（一）完善高校体育教学体系

1. 以学生为本

师生之间良好的互动沟通，是构建高效课堂的前提，只有构建高效的体育课堂，才能更好地开展体育训练，进而提升学生的体能素质。因此高校体育教师应树立育人服务意识，在训练中充分发挥学生的主体地位。体育教师开展体育训练时，仅仅依靠教师的努力远远不够，更需要师生之间的共同合作与配合。因此，在实际体育训练过程中，体育教师不仅要向学生传授体育理论知识和运用技巧，还要加强与学生之间的沟通，做学生的聆听者，在聆听过程中收集学生的真实想法，从而可以有针对性地对训练内容和训练方法进行创新，这样不仅可以体现学生的主体地位，还可以有效培养学生的体能素质。同时，高校应对校园体育文化建设加以重视，以此保障大学生体能素质培养的全面性，校园体育文化具有借助体育活动进行的人文教化功能，能够对高校育人健身的内涵予以丰富。高校可以通过开展体育节、运动会等富有体育文化的活动，转变学生体育训练意识，在活动中强调学生的主体地位。并且在各方面条件允许的情况下，高校体育教师可以尝试学生提出的教学方法，进而调动学生对体育训练的热情。

2. 加强理论教学

以人体知识、健康、卫生保健教育与娱乐体育、传统体育、家庭体育及部分竞技体育内容、理论与实践相结合，使学生在进入社会之前，不但掌握了一定的健康知识、锻炼身体的理论与经常从事体育运动锻炼的基本方法，养成了良好的体育锻炼习惯，同时也增强了学生终身体育运动的意识，为其进入社会后经常参加体育活动打下基础。将教学重点，从教学大纲中以竞技为主要内容转到以健身、娱乐、保健等体育为重点的教学内容上来，加强体育欣赏课的教学，以竞技体育的无限魅力深深地吸引学生，使学生以体育明星为偶像，以参加体育活动为骄傲，自觉地锻炼自己并养成习惯。这种潜移默化的影响因素十分重要，使学生对体育的认识发生质的变化，在以后的体育教学中应引导学生的这种内在的激情与动力，会使教学工作事半功倍。因此，理论课的教学应放在体育教学过程中的首位，理论指导实践，理论联系实际是真理。

3. 激发终身体育意识

教学模式的改善能在一定程度上提升高校体育训练的教学效率，再加上大学生对于新鲜事物具有极强的接受能力，所以在培养大学生体能素质的过程中，要想充分调动大学生对体育训练项目的积极性，高校应该对教学方法予以创新，激发学生的体能训练意识。现阶段，我国高校体育训练教学改革已经推行了一定的时间，多数学校已有多种不同教学模式共存的情况，为大学生的体育训练提供更多的学习项目，有助于激发学生对体育训练的学习兴趣，符合学生的个性化发展，进而激发高校大学生终身体育锻炼的意识。除此之外，体能测试是对高校大学生体能素质进行检测的关键方式，但事实上，我国大部分高校并没有将体能测试落实具体，即使开展体能测试工作，但也仅仅是例行公事，学校乃至大学生本人并不重视体能测试。通常情况下，大学生在测试过程中浑水摸鱼，体育教师睁一只眼、闭一只眼的情况较为普遍，体能测试工作的开展并没有发挥自身价值。基于这种情况，高校需要对体能测试工作加以重视，构建完善的体能测试体系，并对其加强管理，将检测结果记录下来，以此为大学生制定完善的体能训练计划，从而提高大学生自身的体能素质。

4. 创建良好的体育锻炼氛围

良好的体育锻炼氛围有助于学生更快地融入其中，进行良好的锻炼。作为教师，要与学生保持良好的沟通与交流、团结友爱、拉近彼此之间的距离。在学校组织教师体育活动时要积极参加，为学生树立起好的榜样，以身作则，规范其行为。与学生之间有良好的关系，有助于向其传授锻炼的好处。在开展体育教育时，要充分认识到每一个学生都是独特的个体，尊重他们的特点，耐心、细心地进行知识的讲授，当其在学习中遇到困难时，要及时地给予正确的指导，帮助其解决问题，从而更好地发展。教师要树立起积极正面的形象，对学生起到示范作用，引导其参与到锻炼中来，激发其对锻炼的兴趣。同学之间也要建立良好的关系，可以起到相互促进、相互影响的作用，进而帮助改变一些同学沉迷手机网络的不良习惯。通过创建良好的锻炼氛围，能够有效地激发学生参与锻炼的积极性和热情，从而帮助他们养成锻炼的习惯与终身体育的意识观念。

5. 改善学生对体育的认知误差，注重反馈

高校大学生对于体能训练课程的认知存在误差会对训练效果产生极为严重的影响。因此，高校应该对政府所制定的体育发展政策予以全面落实，打破"重视专业学习忽略体育训练"的片面思想，让体育学科在高校学生学习中的地位有所提高。与此同时，高校应当对体育训练的重视程度予以加强，加大体育训练教学的检查力度，确保高校大学生能够得到较为优质的体育训练。高校还应该顺应当今社会的发展需求，积极对体育训练工作进行改革与创新，从而使体育教学工作有所完善。不仅如此，体育教师要在训练过程中结合学生实际需求选取适当的训练方式，改善大学生对于体育训练所存在的认知误差，并且要在体育理论知识和实践训练中对学生进行引导，重点关注学生体育训练后的感受。通过对学生认知误差的改善，注重学生体育训练后的感受反馈，才能更好地对学生体育训练情况予以掌握，从而促进高校体育训练课程的开展。

（二）提高体育教师的职业素养

1.提高体育教师的综合素质

教学改革的关键在教师，高校的体育教师只有紧跟时代发展的脉搏，站在学科发展的前沿，及时跟踪新知识，不断用新的知识充实教学内容，用科学的方法启迪培养学生，才能培养高素质的创新人才。在思想上，对社会上对体育的偏见要有良好的适应心态，能理性地看待问题。面对现实环境错误的认识和不公的社会评价，要正确面对，不能使工作积极性受挫，内心存在思想矛盾，对从事的学科行为模式产生了怀疑，失去了对本学科的信心，产生职业倦怠心理。应该从自身做起，提高知识层次水平，改变不良的教师形象，改变人们心中"四肢发达，大脑平滑"的刻板印象。首先，教师要具备政治思想素质和职业道德素质，有高度责任心，忠诚于教师这一神圣的职业。其次，教师要有广博厚实的专业知识，在体育教学中能够用精练的语言讲解技术，用正确优美的动作示范，自如地用各种教学方法来完成课堂任务。再次，要具备能够指导课余训练，独立完整地完成体育教学大纲教学计划，课堂教学的设计和科研的能力。最后，现代体育教师要能敢于破除旧的教学方法、陈旧的传统观念，勇敢地探索教学的新路子。

2.提高体育教师的反思能力

随着当代科学迅猛发展，许多新兴的学科和交叉学科的理论都不断与体育科学相融合，随之而来的是许多新理论、新技术以及新的教学形式、训练手段和教学质量评价等都出现在体育教育中。这就对高校体育教师提出了更高的要求，要树立终身学习观，不仅要具备专业知识，还要具备广博的知识积累，提升自己的综合能力。当体育教师掌握这些知识之后，还需要通过反思将这些知识进行整理、加工，达到知识的转化、创新。正如体育教师执教风格演变模式中所阐释的，当体育教师的身份达到"杰出"或"创新"阶段时，他们理应非常重视自我反思，也就是内部学习情境。

因此，在高校体育教师专业发展中应特别注重反思能力的培养，而反思性体育教学日志是培养高校体育教师反思性实践能力的重要手段。在日志中记录影响教学的各种做法及想法，并持续不断地反复，从而达到温故知新的目的。从内容来说，反思性体育教学日志中应涵盖体育教学内容、教学片段的描述和教学行为的评价、在特定体育教学情境中可使用的方法等。反思性体育日志的编写是一个循序渐进的过程。最初，可以非结构化地记录一个人关于一次教学经历的思考，熟练之后，通过对既定的提示或线索的反应，做出半结构化的记录，最后在遵守规定的标准基础上，以高度结构化的形式完成体育教学日志写作。总之，反思性体育教学日志可以有效帮助高校体育教师回顾得失，在总结中不断提升自我素养。

（三）高校为体育教学提供有力保障

1. 加大体育设施建设

合格的体育设施器材建设是学生开展锻炼的首要条件，有助于开展课堂内外的各项活动内容。设施器材的建设离不开政府社会和校领导的支持与投入。在加大设施器材建设的同时，还要对已有器材设施进行维护和定期检查修理，对陈旧的设施器材要及时更换，排除危险隐患，避免学生在锻炼的过程中受到伤害。还需要加强对器材设施的管理力度，制定相关的管理制度，防止有人蓄意破坏，以确保课程的开展以及活动的正常进行。

2. 加大训练经费投入

高校中体育训练设施的不完整是高校体育教育过程中极易出现的问题，所以高校应该适当增加训练经费的投入，对体育训练配套设备的建设予以完善，为学生开发更多的体育训练资源。高校中体育部门应该对目前的体育设施场地进行合理的规划、安排，充分利用已有的体育资源，根据所开设的体育训练项目与场地情况扩大体育设施建设，如健身房、乒乓球室等，尽量使用校园内空闲的场地，为大学生提供足够的体育训练场所。但是部分高校在体育训练的管理过程中会因种种原因，很少开放体育训练设施或者是通过收费的方式对其予以管理，导致诸多的体育训练设施和场地尚未发挥原有的功能，从而造成资源的浪费。基于这种情况，高校应该尽量为学生免费开放体育训练设施，使学生能够更好地进行体育训练，并在训练中培养自身的体能素质。

3. 开设基础体能课程

高校应该全面落实我国政府所制定的体育发展政策，打破以往重视智力教育，忽视体育教育的思想观念，以此提高体育锻炼的地位。与此同时，高校还应该加强体育训练工作的检查力度，确保大学生能够得到正确的体育训练方法。要想有效培养学生的体能素质，高校首先就应加深对体育训练的重视程度，其次增强宣传力度，最后提升学生的体育锻炼意识与习惯。体育教师可以通过校园内的媒体、社团以及俱乐部宣传身体健康的知识，让学生意识到身体健康的价值，并且还要在体育训练中融入学生感兴趣的运动项目，如开展有竞技性质的比赛激发学生参加体育训练的兴趣，从而培养学生的体育锻炼意识，让大学生能够主动参与体育训练。不仅如此，高校还要根据大学生身体素质的实际情况，开展基础体能课程，促使大学生各器官系统的运动机能得到更好的发展，只有基础体能素质增强才能更好地参与体育训练。另外，高校应该构建一套切实可行的体能训练管理制度，并引导学生严格遵守制度中的相关内容，积极参与各项体育训练活动，增强大学生自身的综合素养，以便于提升高校体育训练的教学质量。

4. 创建体育训练俱乐部

高校体育教师需要积极组织学生参与体育课堂训练活动，以此来最大限度满足学生对体育训练的需求；高校还可以开展一些对体育训练场地设施要求不高，但深受大学生喜爱的体育训练项目，将训练内容予以丰富，进而满足不同学生对体育训练的兴趣。近年来，我国大部分高校都已经开展体育训练俱乐部的体育活动，通过课外活动的开展，对学生养成良好的体育训练习惯和终身体育意识的树立起到一定的促进作用。为了更好地推动体育训练俱乐部的发展，高校还应该建立组织管理体系，实际管理时要采用课内与课外相结合的模式，以便为广大学生打造轻松、有趣的训练氛围，并让学生在训练氛围中培养自身的体能素质。不仅如此，高校要想更好地督促大学生进行体育训练，就应该创建体能测试管理制度，将学生实际的体能达标情况合理融入体育教师的工作量中，让教师意识到体能测试的价值，从而在体育训练中加强对学生的督促与管理，促进学生体能素质的培养。

5. 提高高校对体育课的重视

一是教育行政管理部门需要对高校建立"体育课学生创新能力培养考核制度"，这样才能使得高校重视体育，并对体育课中融入创新能力培养给予关注，会积极地根据上级部门要求建立相应的制度，也会积极地去完善基础建设，给予学生创新能力培养的基本环境。二是高校要整合体育教学组制定"体育教学学生创新能力培养考核指标"，用于督促体育教师重视该项工作。考核指标当中应该包括教学活动、教学内容、教学方法、教学器材、训练方式五个部分，目的是让教师结合这五个方面来培养学生创新能力。绩效考核和教师的工资、奖金、福利挂钩，做到奖优罚劣，如此才能驱动教师努力工作。三是高校要鼓励体育教师形成"体育教学学生创新能力培养"教研组，来研究具体的培养方法方式。并且要对教研工作进行监督管理，确保其具体化、详细化，避免流于形式。另外还需要积极地转化教研成果，确保体育课学生创新能力培养工作得到落实。

6. 培养体育师生的创新能力

一是要将学生创新能力培养意识和体能、技能、技巧培养放在同等地位，提高教师对其重视程度。二是教师需要结合校方考核指标即教学活动、教学内容、教学方法、体育器材、锻炼方式来形成具体创新思路，让学生融入其中，使师生一同展开创新活动，保证开展的课程是学生喜欢的，避免了传统教学创新当中成果不理想的尴尬境地。三是需要组织教师对体育教育心理学等展开学习，帮助体育教师了解学生心理，更好地把握他们的创新需求，提供更好的创新环境，激发学生的创新热情。通过心理学学习也使得教师知道如何和学生沟通，减少分歧提高沟通效率，降低创新的时间成本。

7. 为体育教学提供物质基础

一是在地方经济相对落后情况下，可以由教师带领学生一同动手去丰富教学器材。例如：用废旧钢管焊接制作高低杠、双杠、单杠；利用废轮胎作为体能训练设备；利用废旧麻袋缝制沙包用于腿部肌肉训练；利用废旧汽车轮毂做杠铃；等等。这样的活动本身就属于创新活动，让学生形成较高的参与热情。二是积极地进行教学资源分配制度的改革。这是实现教育公平的关键，需要我国教育改革领域进一步放开，对其中存在的阻碍进行研究并找到问题所在，这样才能消除不同档次学府之间的资源分配壁垒，实现资源分配公平化。三是高校需要积极地和当地企业或者社会组织建立合作，能够以校企合作形式不断地丰富体育器材，完善体育场地，提高体育教学水平，给予学生创新所需的各类物资基础。

8. 完善高校学校体育教育管理

当前，我国高校体育组织机构采用的是"金字塔式"组织结构，具有一定封闭性的特点。主要面临主体单一化和管理模式固定化等问题，在外界环境相对稳定时，这一结构模式相对适用，但是难以应付复杂多变的环境。随着我国体育教育事业的飞速发展，为了更好地发挥高校体育在高等教育体系中的重要作用，必须将高质量发展作为高校体育发展的重要指引。而高校体育教师的专业发展需要学校通过相应的组织架构来进行引导，建立和完善学校相应的组织机构，为教师的发展创造条件。所以，体育组织首先应该认识到高水平体育教师虽然能够有意识地进行自身的发展，但如果缺乏宽容而又科学的成长环境，很难有效促进他们的专业提升。

9. 构建高校体育教师学习共同体

依照教师专业化发展理论，高校体育教师专业提升是一个循序渐进的动态发展过程，在其职业生涯的不同阶段，发展需求也各不相同。因此，对于高校体育教师个体而言，持续性的学习尤为重要。同时，需要高校体育组织提供一个支持和促进体育教师成长的环境。高校体育教师在"胜任"阶段主要依靠非中介式学习情境展开学习，"胜任"阶段是体育教师的转折阶段，它意味着高校体育教师向更深层次发展的必要性，所以建立教师互动学习平台势在必行。在学习平台下的学习共同体中，高校体育教师应将其曾经的经验作为获取新知识的基础和前提。然而，现阶段我国没有专门针对高校体育教师的共同体学习平台，所以亟须建立一个高校体育教师共同体学习平台。在高校体育教师共同体学习平台中，教师能在一种真实的工作情境和社会环境中进行学习和实践，通过社会参与和互动、试验新想法以及对经验的反思，获得"实践中的知识"，达到深层次"胜任"。

（四）完善高校体育教师资格认证制度

体育教师资格标准应该是包含新手、胜任、杰出、创新等不同阶段的标准。然而，现阶段我国新手体育教师的培养和培训由一些教育机构来承担，不论是师资、经费等多种资源，还是课程、教育研究等内容，均没有进行系统、有效的沟通。除此之外，对于此类培训机构来说，主要任务仍是以学历补偿教育、入职教育等为主，几乎没有为新手体育教师量身定做的培训内容。推进我国高校体育教师专业化发展，首先要构建科学的新任体育教师入职资格标准。要构建新任教师入职资格标准体系，就应当取消相关体育专业毕业生的教师资格直接认定的制度，建立科学而统一的从业、行业认证体系，这样既可以为教师教育机构的人才培养提供明确的参照系，又能够为高校体育教师入职资格认定等工作提供支撑，同时，还可以为不同性质的高校聘任体育教师提供可以借鉴的聘任条件标准。建立高校新任体育教师入职资格认证标准体现的是职业准入制度，我国的教育行政主管部门应构建高校体育教师入职资格认证标准，形成可以量化的测试标准，应对体育教师从业能力、理论知识等方面进行全方位测试，制定统一、具体的标准。

第三节　高校体育教学的未来发展方向

一、应用虚拟仿真技术

（一）虚拟仿真技术概述

1.定义及原理

有学者认为，虚拟仿真技术就是虚拟现实。也有一些专家据此提出虚拟仿真技术是虚拟现实和系统仿真技术的综合。即便不同的人对此会有不同的理解，但究其本质，其核心仍然是相同的。虚拟仿真技术主要结合了虚拟仿真技术和增强现实技术的长处。它其实是一种集人机图像图形变化、几何图像建模、图形的虚拟化和实时化动画、人机图像互动、动画图像生成等多种技术于一体的现代综合性图像信息处理技术。

虚拟仿真技术通过模拟的方式创建实时三维虚拟世界，反映物理对象的变化和交互，并通过头盔显示器（HMD）、数据手套等辅助感应设备，为用户提供三维虚拟界面，观察三维虚拟仿真世界并与之交互，用户能直接通过参加和自由探索虚拟仿真对象、在虚拟环境活动中的各种角色和交互变化，产生视觉沉浸感。它的真实度和实时交互性为系统仿真技术提供了强有力的支持。

2. 起源与发展

20 世纪 60 年代中期，美国计算机科学家苏泽兰提出一种利用计算机技术构建一个虚拟世界的创新想法，他因此被誉为"虚拟现实之父"。从那时起外国学者就已经开始了关于虚拟现实的科学研究和技术探索，虚拟现实相关技术从此开始大量出现。20 世纪 80 年代，西方工业发达国家的虚拟数据仿真手套、虚拟现实系统等仿真技术进一步快速发展，为我国虚拟仿真技术的研究奠定了坚实基础。20 世纪 90 年代，各国政府开始广泛组织参与了虚拟现实仿真技术的应用研究。虚拟仿真技术是现代虚拟现实技术的重要基础，虚拟仿真技术是现代虚拟现实技术的核心。2012 年 3 月教育部印发的《教育信息化十年发展规划（2011—2020年）》中明确提出了高等教育网络信息化工程建设中建设虚拟实验室校园建设的战略目标，以此目标为基础的虚拟仿真技术在我国高等教育领域建设中的广泛应用研究开始逐渐引起国内学术界的极大关注。

3. 特点

沉浸性、想象性、互动性是虚拟仿真技术主要特点，可以让人沉浸、超越、走出自然，形成互动高效的多维信息环境。

虚拟仿真技术的特点包括感知、存在、互动性、自主权等。除计算机系统的常见视觉感知外，还可以产生令人信服的听觉、触觉、动作感知，甚至传达其他感观，例如味道、气味、感觉等。虚拟仿真技术创造的理想数字环境有助于用户认为一切都像现实一样真实。如今，虚拟仿真技术在众多领域被人们熟知并使用，例如城市规划、古迹修复、桥梁和道路设计、教育和教学等。

总的来说，虚拟仿真是一种使用计算机直观地操纵和交换复杂的数据信息的新手段。与目前传统的人机交互界面和普遍流行的窗口操作相比，虚拟仿真技术在理念和思想上都有了实质性的飞跃。

（二）虚拟仿真技术在体育教学中应用的理论依据

1. 行为主义与认知主义学习理论

行为主义学习理论起源于 20 世纪初，有内驱力、反应、线索和奖励四个基本要素。该理论认为教师应对教学内容进行层次化和进程化的处理。基于行为主义学习理论，将虚拟技术应用于教学中，拓展了可观察行为的含义，能够激发学生兴趣，使外部动机转化为内部动机，以及增强操作性演练。

认知主义学习理论认为学习是主动地、有意义地获得知识最终形成认知结构的过程，兴趣和需要驱动学习者自己对信息进行选择并加工，进而理解所学的知识。虚拟仿真技术的应用是人本质力量的物化，需从学习者的认知心理出发与教育相结合。另外，建构主义学习理论是认知理论的一个重要分支，强调学习过程要以学生为中心开展，教师只是组织者、指导者、帮助者和促进者的角色。教师引导学生充分发挥主观能动性，让学生在学习过程中处于主体地位，利用已学知识建构新事物的意义，从而解决实际问题。建构主义环境有四大属性要素，即"情景""协作""会话"和"意义建构"，虚拟教学则能充分体现这些。体育是源自人体科学的学科体系，动作技术的掌握靠学生的模仿和认知感悟，虚拟仿真技术可以 1 ∶ 1 模拟现实的真实情况，刺激学生主观学习，实现意义建构的最终目标，促进高水平思维。

2. 智慧教育

随着我国科学技术迅猛发展，教育信息化开始由初步应用融合阶段向全面融合创新阶段过渡，智慧教育则是教育信息化发展背景下的自然产物。智慧教育是多种先进的信息技术与教育深度融合的教学模式，强调教育过程以及学习方法，对智慧人才的培养有着重要意义。从技术上讲，智慧教育有着六大核心特征，即情境感知、无缝链接、智能管控、按需推送、全向交互、可视化；从资源上讲，智慧教育实现了知识存储、感知、交互、管理的多功能一体化；从教育上讲，智慧教育高度整合了信息技术与课程、全球教育资源，开放性高，能够实现科学规范的管理与评价。

虚拟仿真技术的应用成效尤其符合智慧教育的特征，能够为现代体育教学的发展带来更多的可能。智慧学习空间内的智能化教学设备的设置，方便了虚拟仿真项目的落实，继而激发学习者的学习动机，教师也能轻松控制教学过程。此外，虚拟仿真教学系统通过其他计算机技术将教学资源整合，同时实现共享，综上所述，虚拟仿真与智慧教育密切相关，是其理论的一个核心关键技术。

3.联通主义

"互联网+"时代涌现了多种学习方式,譬如电子学习、在线学习,它们与传统课堂相互交叉结合形成了混合式的学习形式。按照联通主义理论的解释,学习是寻找网络结点的过程,知识网格却是复杂的、碎片的,所以需要借助多种技术手段将人与人、知识、概念联系起来。联通主义学习的实现离不开交互、联通和网格形成这三个关键要素,知识资源有机关联使人们能在复杂的混合学习环境中迅速找到关键节点,进而获取认知壁垒外的知识,拓展个体和心理多样性。此外,联通主义还强调了学生自主的知识构建,提高创新性思维以及解决问题的能力。

虚拟仿真体育教学需要联通主义学习理论为指导,将以往教学过程中难以被理解的体育学科知识联通、交互设计,重新整合发布,帮助学习者认知建构,实现个体与外界的联通;现代技术的发展使得联通主义实现成为可能,虚拟仿真技术为学习者提供易用沉浸的学习条件,虚实结合,增强师生之间的交流,从而对相关的体育知识进行深层交互与意会。综上所述,虚拟仿真技术与联通主义学习理论相辅相成。

(三)高校体育教学中虚拟仿真技术应用的优势

1.降低运动损伤的风险

无论是竞争激烈、对抗性强的拳击运动,还是那些技术要求高、难度大、动作复杂的体操、花样滑冰、跳水、自由滑雪等技巧项目,它们在教学抑或是在练习中常见的损伤事故时有发生,如果能将虚拟仿真技术与教学相融合,那么该技术会帮助教师和学生去除心理和生理上的顾虑,能够让他们在模拟的真实训练环境中进行辅助练习,与模拟的对手对抗,以此在模拟的场景中不断练习,不断提高自己,战胜恐惧。

2.弥补体育教学中的不足

一些达不到室外教学条件的项目可以通过虚拟仿真技术进行辅助教学,就是可以在教室里直接进行教学活动,学生也可以通过此类教学技术自主进行学习和训练,教师也同样可以随时对其进行指导,通过此方式来调动和提高学生的积极性以及对学习的兴趣,这既能够巩固课后的知识,又可以加强教师和学生之间的相互作用,还可以使课堂教学更加清晰有趣。在课堂教学中,许多新的运动技战术由于设备、场地、器材等原因无法实施,如钢架雪车、高山滑雪等难度较大的运动项目,将虚拟仿真技术和体育教学相结合,能够打破动作技术、战术训练实施条件的局限性。尤其是在现代体育技术和战术变得越来越复杂的情况下，只通过简单的词语和句子是很难使学生领会其真正含义的，假设这项技术能与运动战术和运动技术教学相结合，那么它所起的效果一定是相当可观的。在日常的教学过程中，无论是教师还是学生都可以用较少的功夫就可以掌握复杂的技术。

3. 有助于技术动作的理解

利用虚拟仿真技术辅助教学可以帮助学生较为准确地理解技术动作。例如在射箭项目中，从技术动作来看，射击的稳定性与身体的核心力量有关，但在实际的教学过程中学生对这一技术并不能很轻松地掌握，教师通过简单的言语无法让学生领悟到技术的核心，学生出现不正确的技术时，教师很难给予指导。如果能将虚拟仿真技术与课堂教学结合，这一问题可较轻松地得到解决。首先，可以在课堂教学中使用运动捕捉系统，让学生获得技术动作姿势、技术参数等信息，如每个关节不同相位角度的运动过程、肌肉力量的顺序、大小等。以图形的形式对信息进行定量分析，在计算机系统中，学生可以直观地观察到自己的技术、动作以及标准的技术动作，他们会主动地模仿检查自己的动作，从而自行纠正自己的错误动作。教师也可以在该系统中以较为直观的角度去观察学生可能遇到的困难，随后给予针对性的指导，以此方式来帮助促进和培养学生对新授知识和技术动作的深入学习和掌握。其次，就是在学生接触新事物时，教师可以利用此系统来引导学生在模拟的场景中提前对新事物做一个整体的感知，之后与学生在具体技术动作上进行交流，可以培养学生的逻辑思考能力，又同样可以改善和提高整个教育课堂的质量和教学效果，学生对新事物的理解也会更加深刻。最后，将各种多媒体材料与虚拟环境相结合，可以完整有效地呈现，尤其可以更好地将技术动作的细节表现出来，化抽象为具体，更加有助于教学效果的提升。

4. 为体育教学创造虚拟的空间

虚拟仿真技术辅助教学可以创造一个虚拟空间，该虚拟空间可以完全满足教学所需。使用者在此虚拟空间中，与该空间中的环境、器材之间进行交互，可以创造一种自主训练的教学模式来改变以前的"以教促训"。通过这种新型的方法，使用者能够与虚拟空间中的环境相互联系，从而获得知识与技能，并且通过这种方法可以明显地缩短训练时间，从而使得效果更加真实、直观。不可多得的是，还可以培养使用者自觉练习的态度以及减少资金的花费。

（四）体育动作技术虚拟仿真教学平台设计原则

1. 直观性原则

基于认知负荷理论，体育类虚拟仿真教学平台应符合直观性原则，具体是指教学平台操作界面和知识内容直观展现，体育动作示教能够吸引学生注意力，培养学生的观察能力和形象思维能力，提高学生学习兴趣以及自主学习的能力。

2. 交互性原则

该原则要求明晰功能，符合用户使用习惯和上下文要求。虚拟仿真教学平台实现人机交互，发散用户思维，引发用户思考，人体肌肉模型以及体育动作展示过程、肌电信息显示的多少以及对比分析的示例选择这些由用户来控制，设置查询搜索功能，方便用户数据访问。

3. 易用性原则

易用性指的是使用者能够使用某样工具来达到某个特定目标的容易程度。主要体现在三部分：易于学习、快速使用、及时改正。学习者通过该平台这一媒介快速学习体育动作，及时改正自己不正确的姿势，平台的易用性体现在界面逻辑上以及交互部分，为了更好让用户上手设计应该简洁明了。

（五）高校体育教学中虚拟仿真技术的应用策略

1. 改变课堂教学模式

随着现代教育技术的变化，新的教育理念和教育模式不断推陈出新。虚拟仿真技术要想与高校体育课堂教学相结合，取得相应的教学效果就必须紧跟时代的步伐，要改变传统的教育模式，根据体育专业课程的教学规律，改变传统体育课程教学模式，从而形成新体育课程教育模式。

2. 加强教师队伍建设

在高等教育快速发展的时代，教育创新和改革的趋势为每一位高校教师提供了施展才华的机会，也将每一位教师推向了潮流的顶峰，他们面临着的是新时代教育改革下的挑战。随着我国现代教育技术手段的不断创新，每一位高等院校的教师都必须紧紧追随时代的步伐，在更新自身相关专业知识的基础上，也应该充分利用现代化的教育科学与技术来拓展相应的教学方法与手段，从而改善和提高其课堂教学的水平与质量。

把虚拟仿真技术引入课程教学之中，能够促使师生间的互动得到进一步的加强，学生的积极性和创造性也能得到提高，特别是对于掌握难度较大的体育项目。在该技术所模拟的场景中，学生能积极探索，主动发现学习中的问题。当遇见困难和复杂的技术时，学生能主动地寻求解决办法，这有利于教师课堂的顺利进行，教学方案的不断优化和深入，促进教学任务的完成。当然，这种现代化的教育科学技术的广泛运用，势必将给传统课程教学方法带来极大的冲击。尤其是对教师的影响更大一些。为了让授课教师能够利用虚拟仿真技术更好地完成教学任务，要不断地加强教师队伍的建设，尤其是对现代教育技术知识的学习以及虚拟仿真系统的使用，这样教师才能在课堂教学过程中运用新手段、新思路，来营造良好课堂氛围，以适应现代教育。

3. 优化教学形式与内容

在传统的课堂教学模式下，教师只能够局限于教材内容，很难给学生进行有效的拓展和补充。将先进的虚拟仿真技术融入课堂教学中，应不断地优化课堂的教学形式和内容，从而使得课堂教学能够很好地将多媒体与该技术相互融合。

4. 促进高校体育教学改革

党的十九大明确提出，在新的时代，中国要加快建设"体育强国"和"健康中国"。以此为背景，体育需要加快课程教学改革，以提高人才的培养质量，来满足建设"体育强国"和"健康中国"的需要。将虚拟仿真技术与课堂教学相融合，可以使师生的感知觉以及知情意行受到全方位的刺激，从而有利于课堂教学目标的实现。高校体育课程内容具有参与性、运动性等特点，因此该技术特别适用于高校体育专业课堂教学的辅助手段。为了更好地推动虚拟仿真技术与课堂教学的融合，应加快推动高校体育课堂教学改革。

（六）未来展望

借助虚拟仿真技术辅助高校体育课堂教学的重要性不言而喻。借助该技术不仅为高校体育课堂教学开辟了新道路，还丰富了课堂教学的趣味性，吸引新时代大学生对新鲜事物的探索，从而增强学习者的积极性，提高参与者的获得感。未来虚拟仿真技术在体育领域的运用将更加广泛，希望各有关部门可以通过考虑借助该技术推动我国高校体育专业课堂教学的高质量发展，为社会培养更多所需人才。希望广大体育工作者可以在现代教育思想、教育理论的指导下，就如何能够充分发挥虚拟仿真技术的先进性和直观性，在高校体育课堂教学中，根据虚拟仿真技术的特点和体育教学的规律，探索体育课堂教学新的教学改革思路，使课堂教学更具创造性与实用价值。希望该技术能更早地在高校体育专业课堂教学中得到广泛应用。

二、高校体育与传统体育文化融合发展

（一）融合发展的意义

1. 发挥涵养作用

"忠勇精神""静以养生""正气和谐""谦虚谨慎""天人合一""持中守正""礼、义、仁、智、信、温、良，恭、俭、让"等优秀的传统道德文化，是我国传统体育文化中所倡导的，更是建设我国优质体育文化的精髓和核心。我国古代，即便是军事性的体育教学内容，也被赋予了传统礼仪以及防守持中的非竞争性特征。要建设中国特色社会主义体育文化，我国的体育教学内容就应该既要重视对西方体育文化的吸收和改造，又要重视对本民族体育文化的加工和完善；既要重视西方近代体育的竞技性所具有的社会经济、政治价值，又要重视其符合中国传统文化人文价值的文化性改造和创新，例如在实用主义哲学的影响下，以实现个人价值为主体的、具有极端功利性的西方文化熏染出来的西方体育中，所谓的集体主义、团队协作是有限的、以充分实现"个体利益"为主体的集体主义；而中国传统文化中的集体主义是纯粹以集体发展优先，个人利益服从组织利益、个人利益服从集体利益的集体主义。同时，建设中国特色的社会主义体育文化还要重视对民族传统体育文化所追求的人文价值观，如"和谐""团结""礼仪"等，对践行社会主义核心价值观，构建和谐社会，建设社会主义精神文明，提升物质文明水平的重要意义，对继承和弘扬优秀中华民族传统道德的重要价值，对振奋中华民族奋发向上的精神，增强中华民族伟大复兴的自信心，提升中华民族凝聚力的重要意义；对丰富社会主义礼仪道德的多重内涵，使大众对社会主义的认知逐渐深化，集体主义、爱国主义思想更加深入人心，成为践行民族、社会传统文化的主导思想，更好地协调人与人之间的关系，促进社会主义市场经济健康发展。

2. 具有开拓性作用

在新时代背景下，体育强国建设目标已经成为全面建设社会主义现代化国家的重要组成部分，明确文化强国背景下我国民族传统体育文化改革发展的新实践以及新目标，那么以此为导向，深入地将民族传统体育文化融入高校课程中，融入高等教育中，能够使高校的体育教育得到进一步开拓。在新时代建设文化强国背景下，高校的发展与民族传统体育文化密不可分，它是一种责任、一种使命，富含着政治思想以及实践目标。高校作为我国培养人才，传播知识的重要基地，它向社会输送的是最优质的人才，而在高校内通过校园体育文化建设的方式，广泛推进民族传统体育教育，能够使我国传统民间的体育活动进一步升华，使我们

所培养的新时代接班人，带着历史使命与责任迈向社会，为我们的国家培养更为优质的人才，使高校体育事业得以进一步发展与开拓。在中国特色社会主义新时代的战略发展目标中，高校体育文化建设必须完善发展目标，需要奋力开拓体育发展新时代的宏伟蓝图，而将民族传统体育有效地与高校体育教育融为一体，也是我国建设文化强国背景下民族体育发展的根基。因此，民族传统体育在高校的开展，具有重要的理论与实践的必要性。

3. 增强学生爱国情感

中华民族传统体育活动，蕴含着我国悠久的历史文化。在一些传统的节日中，均能够看到传统体育活动的开展，而这种来自民间的体育活动经过数百年的锤炼与演变，最终形成了中华民族独有的文化瑰宝。而将这种体育项目融入高校体育课程中，融入高校体育教学中，融入高校校园体育文化中，是对中华优秀传统文化的一种弘扬与传承，它能够在学生心目中激起爱国主义情怀，引导学生感受中华优秀传统文化的魅力，提升学生体育人文素养，同时也是增强大学生爱国主义情感的一种表达形式。民族传统体育项目融入高校校园体育文化中，可以让学生近距离地了解多民族的历史文化，通过传统体育项目的理论与实践学习，使其得到高校学生的进一步认知。民族传统体育在高校校园体育文化中的广泛传播，进一步让高校学生感受中华传统体育文化的魅力，促进高校体育与民族传统体育的融合与发展，使民族传统体育项目在大学校园得到进一步的传承与展示。将富有地域特色的民族传统体育文化在高校内进行广泛传播，能够加深高校学生对历史文化的认知，提升高校学生学习我国民族体育文化热情，使我国民族传统体育文化得到进一步的弘扬。进一步加深大学生对中华民族传统体育文化的理解与热爱，明确学习与传承中华民族传统体育的意义，进而增强大学生的民族自豪感和爱国主义情怀。

4. 弥补西方体育文化的不足

颇具功利主义、实用主义色彩的西方体育，从其诞生之日起，就具有诸如倡导竞争、追求创新，倡导规范与纪律，追求更快、更高、更强，尊重个人进步与发展的人文特征，但在具有这些特征的同时，也附带有诸如好勇斗狠、功利自我、巧取豪夺、赌博色情、利益至上、奢华繁杂等与中国传统文化相悖的不良文化因子，这些不良文化元素在其文化传播过程中，依然会对服务的主体产生负面作用和影响，类似于兴奋剂在我国的出现，赌球、体育赌博市场在我国某些地区的沉渣泛起，追求奢靡体育、贵族运动等部分所谓精英分子制造出的所谓精英文化的喧嚣与聒噪，唯心叛逆、以自我为中心、空虚奢靡等现象在我国不断出现，虽然不能说这些都是西方体育文化影响的结果，但就西方体育文化的基本异化特征来看，也能反映出我国对西方体育文化的传播缺乏文化警惕、缺乏文化过滤。而我国传统文化中的部分优质体育文化诸如，"义利并举""义利双行""天人合一""道法自然""德法互补""友谊第一""俭朴向善""养生健康""勤奋耐劳"等，却在某种程度上对西方体育文化中的一些不良文化起到了修补、过滤、排斥作用。

5. 丰富高校体育课程教学资源

中国民族传统体育具有多样性与民族性的特征，形式多样的民族传统体育项目达 977 种，其中汉民族的项目只有 301 种，其余均为少数民族的体育项目，充分表明了我国传统民族体育文化多样性和民族性的特征。每一个民族都拥有多种体育文化活动，将这些多种多样的体育运动融入高校课程中，能够丰富高校的体育课程建设，使高校体育课程得到丰富，从而促进高校学生学习体育项目的热情以及增强体育课程的趣味性。民族传统体育蕴含了生活文化与体育文化的有效结合，而将这种民族传统体育文化融入高校校园体育文化之中，能够有效地丰富高校体育课程，使高校体育课程变得多样化、丰富化，并具有更高的凝聚力以及渗透力，从而进一步推动高校体育的更好发展。另外，民族传统体育中蕴含着丰富的我国民间传统的体育生活文化以及体育活动的观念和意象。将这些项目带入高校校园体育文化中，能够进一步丰富高校校园体育文化建设，促进高校体育课程资源的开发利用。民族传统体育也能在高校体育教育中得到有效的升华与传承，从而形成体育文化理论与实践的有效交流。通过民族传统体育文化在高校的传播以及与高校体育课程资源的多元化融合，民族传统体育能在高校得到更好的消化和吸收。

6. 传承与发展民族传统体育文化

民族传统体育文化蕴含了多民族的历史渊源、生活方式、行为习惯、价值信仰和风俗习惯等方面，而有效地在高校体育教育中融入民族传统体育文化，就能够使当代大学生获得民族共同体意识，强化民族的认同感，传承民族文化。高校体育教育与民族传统体育的融合发展，是多元化的体育发展途径，在体育教育形态之外，民族传统体育文化具有高度的凝聚力以及组织结构形态，而有效地在高校校园体育文化建设中融入民族传统体育文化，能够将多民族的体育文化精神，通过体育文化教育的传承得到进一步拓展，使多元化的民族传统体育文化在校园体育文化特征的汇集中更好地融合，从而使我国多民族的传统体育文化更好地传承与弘扬。在高校校园体育文化建设中，对中华优秀传统体育文化的培养，在某种程度上使民族精神进一步彰显与传承，使我国高校体育教育更好地丰富和拓展，通过汇集多民族传统体育文化，高校校园体育文化得到创新式发展，也进一步促进并形成了二者的相互依存以及融合式发展。

7. 帮助中国体育文化走向世界

中国文化要突破西方的文化封锁，打破西方文化的垄断地位，就必须坚定不移地走向世界，在世界文化舞台上充分展示自己，显示自身文化的优势与未来发展的光明前途。特别是在与西方文化交流时，要有打破"西方文化优势论"的信心和勇气。因为，体育文化是中国文化的一部分，是中国传统文化的搭载平台之一；体育文化又是世界范围内交流最为频繁，交流方式最为便捷，交流过程最为公平的文化形式之一，因此必须以中国传统体育文化的复兴与发展，文化影响力的提升为发展目标，积极推动中国传统体育文化中的优质文化进行国际交流，以促进中国文化的繁荣和发展。由于学生是走向世界，进行世界性文化学习、文化推广、文化交流的主体，并且学生对中国传统文化的理解力、贯彻力、执行力较强，因此学生是实现文化复兴、传播能动性最强的要素。学校是文化传承与发展的主要阵地，而学校体育是进行体育文化传承与发展的主要手段，那么学校体育教学内容就成了是进行体育文化传播与发展的主要媒介。

（二）融合发展措施

1. 扩大师资队伍

目前，将民族传统体育文化与高校校园体育文化的融合，主要的瓶颈在于师资力量的不足，学校难以定向地进行民族传统体育项目的拓展，未能配备我国民族传统体育的专项教师，导致高校体育文化与民族传统体育文化难以融合。在高校体育教育发展过程中，要壮大师资力量，真正地形成民族传统体育与高校体育的有机融合，只有这样，才能使丰富多彩的民族传统体育在高校内真正地发展，使学生能够接受原汁原味的民族传统体育的学习，让学生能够真正地理解民族传统体育、每一个民族传统体育的内涵包括发展的历程以及技能的成熟情况。只有壮大师资力量，才能使每一项的民族传统体育文化都能拥有专业的教师来传授体育技能和民族传统体育文化的内涵，从技能与民族文化两个方面入手，真正融入高校体育教育教学中，充分展现民族传统体育文化的教育功能，从而促进高校体育的健康发展，实现高校体育全过程育人的终极目标。

2. 加大对传统体育的重视

目前，中国有些地区的地方政府和教育部门对传统体育缺乏重视，学校的开发资金来源主要来自上级主管部门的拨放，一旦地方政府不关注此方面，就没法保证学校部门对项目开发资金的投入。学校部门对于传统体育也存在认识不足的误区,部分高校认为体育课不是很重要,忽略学生的身体锻炼,忽视了体育教学的基本理念。因此,学校主管部门的领导应该转变教育观念,与时俱进,将民族传统体育融入课堂教学,切实提高学校对体育课程资源开发的重视程度。

3.发挥民族传统体育的优势

我国有 56 个民族汇集在一起,民族体育项目也呈多样式发展,各民族均有自身的体育文化以及体育活动项目,作为具有五千年文明史的国度,怎样将历史上体育运动的丰富多样性融入高校体育教育中,是一件值得深度研究的课题。我国民族传统体育项目,绝大部分产生于农耕时代,与时俱进,代代相传,直到今时今日,仍然扎根于广大的农村社区,而这种从农耕劳作中演变而来的民族传统体育项目,拥有着浓厚的历史文化特色,并且具有我国劳动人民的优秀品质。这也是民族传统体育项目中所具有的优势,而把握民族传统体育与生俱来的这种优势,并将其融入高校体育教育中,能够形成高校体育教育创造性发展,将我国乡村优秀的本土传统文化带入高校校园体育文化建设中,能够丰富爱国主义教育内容,增强广大学生的民族自豪感和爱国主义精神,能够更进一步地推进高校体育教育快速发展,实现高校体育教育的全过程育人。

4.培养民族传统体育继承人

高校加强校园体育文化与民族传统体育文化的融合发展,应注重专项的民族传统体育继承人的培养,为我国民族传统体育的发展奠定基础。中华民族传统体育需要有接班人来继承与发扬光大,而通过高校体育教育与民族传统体育的有效结合,能够进一步挖掘我国民族传统体育文化的内涵,并将这种文化内涵进一步通过实践技能的学习与掌握,使我国民族传统体育能够在高校内更好地发展。在我国体育复兴之路上,需要具有高素质、高专业技能且专项的民族传统体育文化人才,只有源源不断地为民族传统体育项目与民族传统体育活动培养接班人、继承者,才能使民族传统体育更好地传输到社会,才能使我国民族传统体育活动更进一步地发展,对于中国体育强国目标的实现,具有一定作用价值。在体育强国的文化背景下,只有注重培养民族传统体育的接班人,才能使我国民族传统体育文化得以进一步传播,并形成民族传统体育文化的有效交流,真正形成体育强国的支撑系统,使中国民族传统体育文化精神走向国际舞台,实现中国体育强国的伟大思想目标。

"体育承载着国家强盛、民族振兴的梦想。体育强则中国强,国运兴则体育兴"。高校教育要坚持把立德树人作为中心环节,把思想政治工作贯穿教育教学全过程，实现全员育人、全过程育人、全方位育人，要充分挖掘各类课程思想政治资源，发挥好每门课程的育人作用，全面提高人才培养质量。体育作为高校教育的重要组成部分，应与时俱进，加强民族传统体育与高校体育教育的有机融合，进一步为我国培养体育人才，使中国的传统体育项目更好地传承与发展。充分发挥体育的育人功能，努力培养和提升学生的道德情操和意志品质、身心素质和自强精神、创造人格和敬业精神、人文素质和交际能力、民族团结及爱国主义、终身体育和竞技意识等。努力提升大学生自主锻炼能力和习惯，提高大学生的身体素质，使每一个大学生都成为体育锻炼的实践者和传播者。

5.提高体育教师的开发创新能力

部分高校体育教师专业水平低，其知识储备量难以满足开发与应用传统体育课程的要求，且开发实践经验不足，导致自身的开发创新能力较差。因此，提高体育教师的开发创新能力是高校开展融合发展课程的必由之路。在开发民族传统体育资源时，体育教师的专业素养和运动技术要有很高的水准才能对项目的整体进行剖析，了解其项目的发展进程以及各种细微的运动技巧的学习处理等，所以这不仅考验体育教师的专业能力，也考验其开发创新能力。各级教育部门应该通过各种方式来提高高校体育教师的开发创新能力，对具有民族地区特色的学校进行专题探讨，加强校内体育教师与校外传统体育课程专家之间的交流，增强体育教师的创新思维，使高校体育教师的开发创新能力得到提升。学校可以组织体育教师参加相关的教学观摩和教研活动，以及开展教育培训，增加体育教师的相关专业知识，全面提升体育教师的体育课程开发创新能力。

6.加大传统体育的宣传和推动力度

对于加大传统体育的宣传和推动力度，首先，高校可以利用校园图书馆、阅读室、校园广播站、校园宣传栏、学校教学官网等平台，宣传和推广传统体育，可以利用体育课来进行传统体育理论知识的学习，介绍项目的相关基础理论，对学生讲解项目文化内涵，还可以制作相关的ppt和运动项目教学视频让学生进一步了解，推动学校开展体育课程。其次，学校应该多举办关于传统体育的课外活动或体育文化节，增加校园体育文化的氛围，鼓励学生多参加此类活动，增强学生的体育价值认知，使更多的学生对传统体育有所认识。最后，学校还可以邀请传统体育项目民间艺人和传承人来校进行宣讲，或是让学生深入民族地区亲身体验运动项目，近距离了解传统体育，感受传统体育文化的魅力，这也有利于传统体育的传播和推广，推动高校体育课程的开发与应用。

参考文献

[1] 陈琦，杨文轩，刘海元，等. 我国当代体育价值观的研究 [J]. 体育科学，2006（8）：3-9；74.

[2] 霍军. 体育教学方法实施及创新研究 [J]. 北京体育大学学报，2013，36（1）：84-90.

[3] 王淑英. 学校体育课程体系研究 [D]. 石家庄：河北师范大学，2012.

[4] 顾春先，邬红丽，肖波，等. 中国高校校园体育文化指标体系研究 [J]. 体育科学，2010，30（8）：41-48.

[5] 胡永红. 有效体育教学的理论与实证研究 [D]. 福州：福建师范大学，2009.

[6] 徐本力. 体育强国、竞技体育强国、大众体育强国内涵的诠释与评析 [J]. 天津体育学院学报，2009，24（2）：93-98.

[7] 黄莉. 体育精神的文化内涵与价值建构 [J]. 体育科学，2007（6）：88-96.

[8]《体育概论》编写组. 体育概论 [M]. 北京：北京体育大学出版社，2013.

[9] 王玉扩，陈庆合，李会增. 高职院校体育课程教学改革与发展研究 [J]. 北京体育大学学报，2005（7）：960-961；964.

[10] 夏祥伟. 研究生体育锻炼与健康问题的研究 [D]. 上海：华东师范大学，2005.

[11] 董翠香，周登嵩. 体育校本课程开发及相关概念的界定 [J]. 天津体育学院学报，2005（1）：51-53.

[12] 谭小翠，李信就，赵晓勤. 影响大学生体育选项课因素的调查与研究 [J]. 北京体育大学学报，2004（7）：959-960.

[13] 陈作松，季浏. 新体育课程的实施对体育教师提出的新要求 [J]. 北京体育大学学报，2004（3）：370-371；374.

[14] 席玉宝. 体育锻炼概念及其方法系统的研究 [J]. 北京体育大学学报，

2004（1）：118-120.

[15] 姚蕾. 体育教学环境的构成要素、功能与设计 [J]. 北京体育大学学报，2003（5）：649-651.

[16] 王伟. 北京地区普通高校大学生课外体育活动现状及影响因素的研究 [J]. 北京体育大学学报，2003（4）：499-502.

[17] 谭华，李勤. 我国体育课程改革的基本理念 [J]. 体育学刊，2003（2）：8-11.

[18] 毕秀淑，彭延春. 体育锻炼对大学生心理健康的影响 [J]. 中国体育科技，2003（3）：31-32.

[19] 汪正毅，陈丽珠，金宗强. 21 世纪我国高校体育教学改革方向研究 [J]. 北京体育大学学报，2002（2）：225-227.

[20] 王华倬，刘玫瑾，于秀. 我国大学生课余体育锻炼现状的调查分析 [J]. 北京体育大学学报，2002（1）：89-91.

[21] 王广虎. 健康理念内涵的把握与学校体育改革的思考 [J]. 成都体育学院学报，2001（4）：29-33.

[22] 金健秋，徐国宏，尹海立. 大学生体育行为探析 [J]. 中国体育科技，2001（7）：34-36.

[23] 宋晓东. 论影响体育锻炼行为的因素 [J]. 成都体育学院学报，2001（2）：49-52.

[24] 张子沙，龚正伟，周波. 对我国高校体育素质教育内容的研究 [J]. 体育科学，2001（1）：16-21.

[25] 毛振明. 关于体育教学模式的研究 [J]. 广州体育学院学报，2000（4）：41-48.

[26] 贡娟，李晓红. 试论构建高校体育教学创新体系 [J]. 体育科学，2000(3)：22-24.

[27] 杨楠. 体育教学模式与主体教学浅论 [J]. 北京体育师范学院学报，2000（01）：1-11.

[28] 胡鞍钢. 我国体育改革与发展的方向 [J]. 体育科学，2000（2）：1-3；6.

[29] 曲宗湖，郑厚成，张燕. 论我国高校体育改革的发展与构思 [J]. 体育科学，1998（4）：6-9.

[30] 梁德清. 高校学生应激水平及其与体育锻炼的关系 [J]. 中国心理卫生杂志，1994（1）：5-6.